HISTOIRE DE
L'ISLAM

Lecture de poésie

Pièce de monnaie du VIIe siècle, frappée à l'époque où la dynastie des Omeyyades régnait depuis Damas, en Syrie

Carafe offerte à Charlemagne par le calife Harun al-Rachid au VIIIe siècle

Quadrant arabe servant à mesurer la hauteur des étoiles, avec son mode d'emploi

Pointe d'un minaret de la mosquée Selimiye en Turquie

Luth décoré de motifs islamiques traditionnels

Lanterne en forme d'étoile

Planisphère dû à l'écrivain et géographe marocain al-Idrisi (v. 1100-v. 1166)

Guide du *hadj* (le pèlerinage)

HISTOIRE DE
L'ISLAM

Par

Philip Wilkinson

Consultation éditoriale Batul Salazar
Photographies de Steve Teague

Le minaret de Qutb
à Delhi, en Inde

Bédouin vêtu du
costume traditionnel

Chapelet de prière

Mosquée d'Ubudiah en Malaisie

Bracelet en or

Illustration représentant la procession
du ramadan dans un livre du XIIIe siècle

LES YEUX DE LA DÉCOUVERTE
GALLIMARD

Carreau décoratif en forme
d'étoile islamique

Lutrin supportant
un exemplaire du Coran

Peinture du XVIe siècle représentant
des astronomes musulmans

Oiseau en bronze de Perse

Femme saoudienne
portant un voile

Comité éditorial

Londres :
Fran Jones, Joanne Connor,
Linda Esposito et Jane Thomas

Paris :
Christine Baker, Thomas Dartige,
Éric Pierrat et Clotilde Oussiali

Collection créée par
Peter Kindersley et
Pierre Marchand

Pour l'édition originale :
Responsable éditorial :
Kitty Blount
Édition : Fran Baines
Maquette : Siu Yin Ho
Responsable artistique : Clair Watson
Iconographie : Angela Anderson, Alex Pepper,
Deborah Pownall et Sarah Pownall
Fabrication : Kate Oliver

Édition française
traduite et adaptée
par Jean Esch
Spécialiste : Anne-Marie Delcambre, historienne
Édition :
Éric Pierrat
et Clotilde Grison
Préparation : Sylvette Tollard
Correction : Lorène Bücher
et Éliane Rizo
Montage PAO : Barbara Kekus, Octavo
Flashage : IGS (16)
Maquette de couverture :
Raymond Stoffel
Photogravure de couverture :
Mirascan

ISBN 2-07-053733-1
La conception de cette collection est le fruit
d'une collaboration entre les Editions Gallimard
et Dorling Kindersley
© Dorling Kindersley Limited, Londres, 2002
© Éditions Gallimard, Paris, 2002,
pour l'édition française
Loi n° 49-956 du 16 juillet 1949
sur les publications destinées à la jeunesse.

Premier dépôt légal : octobre 2002
Dépôt légal : mars 2005
Numéro d'édition : 133629

Imprimé en Chine par
Toppan Printing Co. (Shengen) Ltd

Une caravane de pèlerins, avec un chameau
transportant une tente appelée *mahmal*

Costume traditionnel
en soie de Chine

Deux des « califes bien guidés »,
compagnons du Prophète

Exemplaire arabe du Xe siècle
d'une encyclopédie botanique
due au chirurgien grec Dioscoride

Cafetière

SOMMAIRE

Lampe de mosquée mamelouke

L'ARABIE ANTIQUE

La péninsule arabique est le berceau du peuple arabe. Des cultures déjà avancées avaient existé dans cette région avant la naissance de Mahomet, le Prophète de l'islam, au VIᵉ siècle. La position de l'Arabie, au croisement de l'Asie, de l'Afrique et de l'Europe, a permis à de nombreux Arabes de bâtir des fortunes grâce au commerce. La plupart des tribus arabes vénéraient leurs propres idoles, alors que les juifs et les chrétiens n'avaient qu'un seul Dieu. Lorsque Mahomet leur annonça qu'il avait eu la révélation de la religion d'un Dieu unique, et qu'enfin ils possédaient un message, le Coran, dans leur propre langue, et une religion nommée islam, certains réagirent avec enthousiasme.

LA RÉCOLTE DES DATTES
Des colonies s'installèrent dans les petites oasis qui parsèment la péninsule arabique. Les gens y trouvaient des réserves d'eau et des dattiers fournissant une récolte succulente.

INSCRIPTION EN ARABIQUE DU SUD
Les Sabéens, qui gouvernaient l'Arabie du Sud, entre les VIIIᵉ et IIᵉ siècles av. J.-C., utilisaient une écriture appelée « arabique du sud ». Les archéologues ont découvert de nombreuses inscriptions rédigées dans cette écriture anguleuse, qui disparut quand les Sabéens perdirent le pouvoir.

DÉSERT DE DUNES
Une grande partie de l'Arabie est désertique, qu'il s'agisse de vastes étendues de sable avec des dunes ou d'un désert de roches volcaniques noires comme autour de la ville de La Mecque. Le mot « arabe » signifie « nomade », car dans un tel environnement de nombreux Arabes adoptèrent un mode de vie nomade pour pouvoir survivre.

LA FORÊT PÉTRIFIÉE
La péninsule arabique est en grande partie une terre inhospitalière essentiellement composée de déserts et de paysages rudes à l'image de ces rochers déchiquetés. La région la plus fertile est le Yémen, qui bénéficie des pluies de mousson de l'océan Indien.

FEMME DE PALMYRE
La ville de Palmyre dans le désert syrien fut construite à l'intersection de plusieurs routes commerciales. Ses habitants devinrent riches en faisant payer un impôt à tous les marchands qui la traversaient. Cette femme de Palmyre affiche sa richesse sous la forme de bijoux en or.

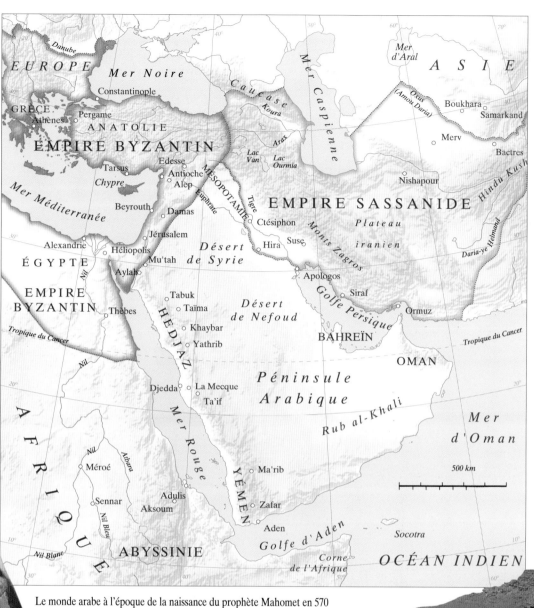

Le monde arabe à l'époque de la naissance du prophète Mahomet en 570

LE MONDE ARABE

La péninsule arabique s'étend entre la mer Rouge et le golfe Persique. Les Arabes bâtirent des villes dans la zone fertile du Yémen, dans les oasis et sur les côtes. Au nord-est, l'Empire perse des Sassanides occupait l'actuel Iran. Au nord-ouest se trouvait l'Empire chrétien byzantin.

Autel pour brûler de l'encens

PARFUM PRÉCIEUX

L'encens était un des produits d'Arabie les plus prisés, largement commercialisé. Les routes commerciales traversaient la péninsule et la plupart des premières villes, comme Ma'rib et la cité nabatéenne de Petra (dans l'actuelle Jordanie), furent érigées le long de ces routes. Depuis, le commerce est un élément vital pour cette région.

LES MURAILLES DE MA'RIB

Ma'rib, au Yémen, était la capitale des Sabéens, et certaines de ses vieilles murailles ont survécu. Construite le long d'une route commerciale, Ma'rib devint une importante cité très active, avec un palais (lieu de résidence de la reine de Saba) et de nombreuses maisons. Il existait également un célèbre barrage, stupéfiante prouesse architecturale réalisée au VIIe siècle av. J.-C.

LE PROPHÈTE MAHOMET

Mahomet est né en 570 dans la ville de La Mecque (située dans l'actuelle Arabie Saoudite). Il était membre de la tribu des Quraychites. Orphelin, il fut élevé par son grand-père et son oncle. Sa mission de Prophète de l'islam débuta en 610, lorsqu'il eut la révélation du Coran pour la première fois. Trois ans plus tard, Mahomet commença à prêcher. Il attira quelques disciples, mais ses discours sur le Dieu unique n'étaient guère appréciés à La Mecque où la plupart des gens vénéraient des idoles et de nombreux dieux païens. Finalement, il se rendit dans la ville de Médine, qui devint le centre d'une importante civilisation islamique.

L'ARCHANGE GABRIEL
Le Coran (p. 10-11) fut révélé à Mahomet par l'archange Gabriel, l'ange de la révélation. C'est au cours de la nuit du Destin qu'il eut la première révélation. Le Coran lui fut ensuite transmis par petites parties, sur plusieurs années.

ÉCRIT OU PARLÉ
Cette calligraphie représente le nom du Prophète : Mahomet. D'après la tradition, Mahomet possède 200 noms, parmi lesquels *Habib Allah* (Aimé de Dieu) et *Miftah al-Jannah* (Clé du Paradis). Quand ils parlent de Mahomet, et d'autres prophètes, les musulmans ajoutent généralement l'expression *alayhi-s-salam* (« que la paix soit avec Lui »).

Le mot « Mahomet » calligraphié

LA VIE D'UN MARCHAND
Quand il était encore jeune, Mahomet devint marchand, au service d'une riche veuve nommée Khadidja. L'Arabie était alors traversée en tous sens par des routes commerciales qui reliaient la péninsule à la Méditerranée et à l'océan Indien. Mahomet voyagea sur ces routes avec des caravanes de chameaux et il effectua plusieurs voyages commerciaux, jusqu'en Syrie même. Khadidja fut fortement impressionnée par Mahomet et, bien qu'elle fût beaucoup plus âgée que lui, ils se marièrent.

JABAL AN-NUR
Jabal an-Nur (la montagne de la Lumière), située à quelques kilomètres de La Mecque, est l'endroit où se rendait Mahomet pour méditer. Tous les ans, durant le mois du ramadan (p. 15), Mahomet se retirait dans la montagne pour prier, jeûner et faire l'aumône. C'est au cours d'une de ces retraites que le Prophète eut la première révélation du Coran.

LE PROPHÈTE
Mahomet, dont le nom est ici inscrit de manière stylisée, est le Prophète de l'islam. Les musulmans le considèrent comme le dernier d'une série de prophètes, parmi lesquels figurent Abraham, Moïse et Jésus, qui tous étaient des êtres mortels.

SUR LA MONTAGNE
Lors de son séjour à Jabal an-Nur, Mahomet s'installa dans une grotte baptisée Hirah, au sommet d'un pic rocheux. La grotte, ouverte face à La Mecque, n'était pas très grande, mais suffisamment pour permettre à Mahomet de prier. Une de ses filles gravissait la montagne pour lui apporter à manger, afin qu'il puisse y rester durant tout le mois du ramadan.

Motif en forme d'étoile inspiré du mot « Allah » en écriture arabe

ALLAH

Allah est le nom du Dieu unique dans lequel croient les musulmans, et dont dépendent toute vie et toute existence. Il est unique et infiniment supérieur à toutes les choses qu'Il a créées. Le Coran dit qu'« Il n'a pas été engendré » ; en d'autres termes, Il est éternel, car Il n'a ni commencement ni fin. Il est et sera toujours.

Le visage de Mahomet est voilé, car l'islam interdit qu'il soit représenté.

L'archange Gabriel

La mosquée du Prophète

MÉDINE

Mahomet fut persécuté dans sa ville natale de La Mecque et certains de ses disciples trouvèrent refuge en Abyssinie (l'actuelle Ethiopie), alors dirigée par un chrétien. En 622, des habitants de la ville de Yathrib, appelée plus tard Médine, au nord de La Mecque, invitèrent Mahomet à venir vivre chez eux. Le Prophète et ses disciples acceptèrent l'invitation. Leur migration, connue sous le nom de *hidjrah* – l'hégire –, marque le début de l'ère islamique. Finalement, Mahomet vainquit les païens et chassa les idoles du temple de la Ka'ba, pour que l'islam puisse se répandre à La Mecque également.

Le Buraq

LE VOYAGE DE NUIT

Une nuit, l'archange Gabriel réveilla Mahomet et le conduisit jusqu'à un cheval baptisé al-Buraq sur lequel monta le Prophète (p. 61). Al-Buraq conduisit Mahomet jusqu'à « la plus lointaine mosquée », à Jérusalem, d'où il monta au ciel.

LE TOMBEAU DE MAHOMET

Le Prophète mourut sur les genoux de son épouse favorite, Aïcha, dans la cabane de celle-ci située près de la mosquée de Médine. Son tombeau fut érigé à l'endroit où il mourut. Ses deux fidèles compagnons, Abu Bakr et Omar, les deux premiers califes, furent enterrés à ses côtés.

Motif inspiré des noms des compagnons

LES COMPAGNONS

Les compagnons du Prophète étaient ses plus proches disciples. Ils écoutaient attentivement ses paroles, mémorisaient le Coran et le transmettaient à d'autres, avant qu'il prenne une forme écrite.

9

LE CORAN

Le Coran, qui signifie littéralement « récitation », est le nom donné au livre saint de l'islam. Il a été révélé par Allah au Prophète Mahomet, par l'intermédiaire de l'archange Gabriel, sur une période de plus de 22 ans, à partir de l'an 610. Pour les musulmans, le Coran est l'ultime révélation d'Allah adressée à l'humanité. Il complète les écritures juives et chrétiennes, mais est considéré comme différent d'elles, en ce sens qu'il s'agit des paroles directes d'Allah, mémorisées et conservées à travers les siècles jusqu'à aujourd'hui. Vivre selon les préceptes du Coran, c'est vivre selon la volonté d'Allah.

LE COFFRE DU CORAN
Ce coffre sophistiqué est divisé en compartiments destinés à recevoir les 30 parties qui constituent le Coran. Ainsi, le texte peut être récité en entier, chaque nuit, durant le mois de jeûne, le ramadan.

Ecriture coufique grasse

L'ÉCRITURE COUFIQUE
La ville de Kufa, dans l'actuel Irak, a donné son nom à la première forme d'écriture arabe : le coufique. Les lettres sont anguleuses, avec de longs traits horizontaux. Le coufique oriental, venu d'Irak et d'Iran, possède des lignes fines et gracieuses. Cette page provient d'un coran recopié il y a plus de mille ans.

Ecriture coufique orientale

CORAN DÉCORÉ
Le Coran se compose de 114 chapitres, les sourates, chacun portant un titre inspiré d'un mot ou d'un personnage important de ce chapitre. Les sourates les plus longues sont situées au début et les plus courtes, à la fin.

Cette case indique le nombre de versets de la sourate. La case du haut indique le nom de la sourate.

« Louange à Allah, le Maître des mondes, le Très-Miséricordieux, le Compatissant, le Roi du jour du jugement. C'est Toi que nous adorons ; c'est Toi dont nous implorons le secours. Guide-nous dans le droit chemin, le chemin de ceux à qui tu as accordé ta grâce, Et non de ceux qui sont l'objet de Ta colère, et qui sont dans l'erreur. »

SOURATE *AL-FATIHA*, INTRODUCTION DU CORAN

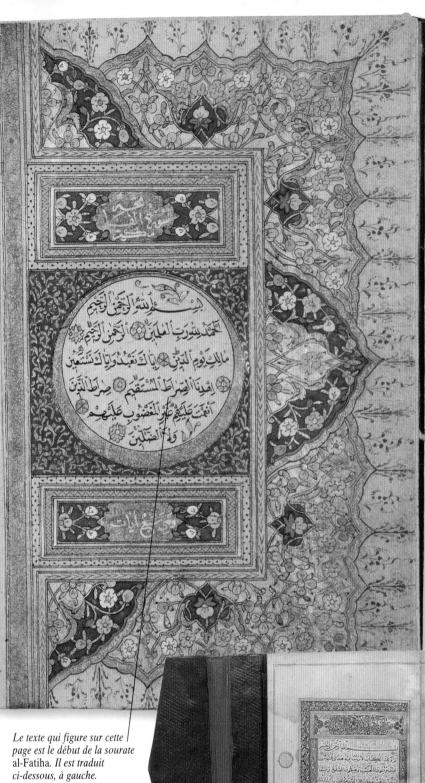

SUR UNE PIERRE PRÉCIEUSE
Aux yeux d'un musulman, cette pierre précieuse possède une plus grande valeur encore, car on y a gravé une citation du Coran, traduite ci-dessous.

« Il n'y a d'autre Dieu que Allah, le Vivant, l'Eternel.
Le sommeil n'a pas de prise sur Lui ; tout ce qui est sur Terre comme au Ciel Lui appartient... »

AYAT AL-KURSI, VERSET DU TRÔNE, LE CORAN

CARREAU VITRIFIÉ
Les versets tirés du Coran constituent l'élément décoratif principal de l'art islamique, comme sur ce carreau vitrifié. La langue arabe, parce qu'elle est la langue du Coran, agit comme une force unificatrice pour tous les musulmans à travers le monde.

Le texte qui figure sur cette page est le début de la sourate al-Fatiha. Il est traduit ci-dessous, à gauche.

LE « MUSHAF »
Quand les gens parlent du Coran, ils font généralement référence au livre qui contient le Coran. Mais, à l'origine, le Coran était uniquement transmis par la parole et les musulmans l'apprenaient par cœur. Plus tard, il prit une forme écrite qu'on appela *mushaf*, un mot qui signifie « ensemble de feuilles ». Un *mushaf* indique généralement si chaque sourate a été révélée à La Mecque ou à Médine.

CORAN MANUSCRIT
Recopier le Coran est un acte pieux et de nombreux musulmans le font en prenant grand soin de reproduire avec exactitude le texte sacré. Aucune lettre ne doit être déformée, car il s'agit de la parole d'Allah.

« Au nom d'Allah,
le Miséricordieux,
le Compatissant »

LE CROISSANT DE LUNE ET L'ÉTOILE

Le croissant de lune surmonté d'une étoile était utilisé comme symbole par les Turcs au XVe siècle. Depuis, ce symbole est devenu celui de l'islam. Les paroles de la *Chahada* en calligraphie arabe ont été utilisées ici pour dessiner le croissant de lune. Les mots « au nom d'Allah, le Miséricordieux, le Compatissant » constituent l'étoile.

« CHAHADA »

La profession de foi des musulmans s'appelle *Chahada* : on peut la traduire en français par « Il n'y a d'autre dieu que Dieu. Mahomet est l'Envoyé de Dieu. » Les musulmans utilisent « Allah », mot arabe signifiant Dieu. Quand ils parlent d'Allah, les musulmans font référence au Dieu des chrétiens et des juifs. Traditionnellement, les paroles de la *Chahada* sont les premiers mots qu'un musulman entend à sa naissance et les derniers qu'il entend à sa mort. Elles forment la base de l'appel à la prière.

LES CINQ PILIERS DE L'ISLAM

L'islam comporte cinq exigences fondamentales : les cinq piliers de l'islam. Le premier, et le plus important, est la profession de foi. L'islam qui signifie « soumission » et vient du mot « paix » est considéré par les musulmans comme la réaffirmation de la même vérité qui fut révélée aux chrétiens et aux juifs – la croyance en un Dieu unique. La foi fut révélée par le biais des prophètes de Dieu, parmi lesquels Moïse et Jésus, ou Musa et 'Isa ainsi qu'on les appelle en arabe. Les musulmans croient que le dernier message de Dieu, le plus universel, a été révélé au dernier des prophètes, le Prophète Mahomet. La croyance en ce Dieu unique est la base de la religion islamique. Les quatre autres piliers de l'islam exigent que les musulmans fassent l'aumône, jeûnent, prient et se rendent en pèlerinage à La Mecque.

LA PRIÈRE

Dans l'islam, la prière exprime la foi à travers la communication personnelle avec Allah. La prière peut s'effectuer dans l'intimité ou en public, mais les femmes prient le plus souvent à la maison. La prière commune du vendredi à midi – *salat al-juma'a* – est un devoir pour chaque homme musulman. Elle est conduite par un *imam*, littéralement « celui qui se tient devant », et qui peut être n'importe quel membre respecté de la communauté. Il récite à cette occasion une *khutba*, un sermon.

Tous les membres de la communauté sont considérés comme égaux aux yeux d'Allah, c'est pourquoi ils accomplissent tous les mêmes rites pour les ablutions et les prières.

L'APPEL À LA PRIÈRE

L'appel à la prière – *adhan* – a lieu cinq fois par jour. Entre l'aube et le lever du soleil, c'est le *fajr* ; juste après midi, c'est le *zuhr* ; le *'asr* a lieu dans l'après-midi, le *mahrib* juste après le coucher du soleil, et le *'icha* le soir. Traditionnellement, un des officiels de la mosquée, le muezzin, lance l'appel du haut du minaret. Le premier muezzin fut Bilal, un esclave noir affranchi, choisi pour sa belle voix.

LES ABLUTIONS

Il est nécessaire de se préparer pour la prière, d'abord en débarrassant son esprit de toutes les pensées indésirables, puis en se lavant les mains de manière rituelle. Chaque fois que c'est possible, on utilise une eau claire et vive, à la fontaine de la mosquée ou dans un bassin chez soi. Lors d'un voyage dans le désert, le sable peut être utilisé pour se purifier de manière symbolique.

TROUVER LA DIRECTION DE LA MECQUE

Les musulmans prient face à La Mecque. La direction, *qibla*, est indiquée par une niche, le *mihrab*, dans le mur de la mosquée (p. 18). Au Moyen Age furent fabriqués des instruments destinés à calculer la bonne direction et l'heure exacte de la prière.

Indicateur de la *qibla*

CHAPELETS

Allah est appelé de bien des manières différentes, rassemblées sous le nom de *al Asma' al-Husna*, « les 99 beaux noms d'Allah ». Ces noms peuvent former la base des noms musulmans, comme 'Abd al-Rahman, le serviteur du Miséricordieux. Dans la prière individuelle, ces noms sont comptés sur un chapelet de 99 perles semblable à un rosaire. Les perles peuvent également servir à réciter d'autres paroles pieuses.

TAPIS DE PRIÈRE

Prier à même le sol est accepté, du moment que celui-ci est propre, mais la plupart des musulmans utilisent un petit tapis qu'ils gardent sur eux pour pouvoir l'utiliser où qu'ils soient. Peu importe qu'il s'agisse d'une simple natte ou d'un précieux tapis en soie.

Chapelet

Tapis de prière iranien

1 LE DÉBUT DE LA « RAK'A »
La *rak'a* commence par ces mots : *Allahu akbar* – « Allah est plus grand que tout ». Pendant la seconde étape, on loue Allah, puis on récite la première sourate, ou chapitre, du Coran, appelée la *fatiha*, la sourate de l'ouverture.

2 ON S'INCLINE
Après la récitation d'un autre passage du Coran, qui peut être un choix personnel, vient le *ruku'* où l'on s'incline en signe de respect à l'égard d'Allah. Il est suivi du *qiyam*, qui consiste à se relever en récitant des paroles de louanges.

3 ON SE PROSTERNE
Dans cette position d'humilité appelée *sujud*, les musulmans répètent : « Gloire à mon Seigneur le plus puissant. Allah est plus grand que tout. »

4 ON S'ASSOIT
C'est un moment de prière silencieuse, le *julus*. Il précède une nouvelle prosternation. A la fin de la séquence, un moment est consacré à prier pour la communauté des musulmans et pour réclamer le pardon des péchés.

5 LA PAIX
Le dernier stade de la prière, *salam*, consiste à tourner la tête à droite et à gauche pour saluer les personnes présentes avec ces paroles : « Que la paix vous accompagne, avec la miséricorde d'Allah. »

LES ÉTAPES DE LA PRIÈRE

Une fois que la personne a préparé son corps et son esprit, la prière obéit à une succession de paroles et de mouvements appelée *rak'a* et qui se répète deux, trois ou quatre fois, en fonction du moment de la journée, mais il est possible d'ajouter une *rak'a* si on le souhaite. Chaque unité, ou *rak'a*, se compose de plusieurs étapes.

L'AUMÔNE

L'aumône envers les pauvres et les nécessiteux occupe une place importante dans l'islam. Parmi toutes les manières possibles de faire l'aumône, la plus formelle consiste à payer un impôt, la *zakat*, un des cinq piliers de l'islam. Le montant de la *zakat* que doit verser une personne est un pourcentage de sa fortune. L'impôt est ensuite réparti entre les pauvres, mais il peut également servir à aider d'autres membres de la société dans le besoin.

OFFRIR DE L'EAU

Outre le paiement de la *zakat*, un individu peut faire des dons personnels pour aider la communauté. Ces dons peuvent prendre l'apparence d'installations utiles, comme cette fontaine qui se trouve à Istanbul en Turquie. De nombreux pays musulmans sont situés dans des zones arides où l'eau est parfois très rare. Donner de l'argent pour construire une fontaine est donc un geste particulièrement utile.

BAINS PUBLICS

L'hygiène est une chose très importante en islam et l'on voit de nombreux établissements de bains dans les villes des pays musulmans. Ces lieux sont souvent payés par des dons. Les bains publics typiques se composent d'un vestiaire, souvent coiffé d'un dôme, relié à différentes pièces de températures différentes. La plus chaude est le bain de vapeur (le hammam), où l'on transpire avant de se laver et de se faire masser.

LES HÔPITAUX

Les endroits où sont soignées les personnes malades ont souvent été créés grâce à des dons, eux aussi. Cette magnifique fenêtre à claire-voie fait partie d'un hôpital financé à l'origine par des aumônes. La médecine est un des domaines dans lesquels le monde musulman a réalisé de nombreux progrès, avant l'Occident (p. 30).

DE L'ARGENT OU DES BIENS

La *zakat* est généralement payée en argent, mais elle peut également être versée en nature. Dans les deux cas, le taux de prélèvement est peu élevé : à partir de 2,5 % de la richesse d'une personne. La maison et d'autres choses indispensables ne sont pas comptabilisées. Le mot *zakat* signifie « purification », car les musulmans estiment qu'en donnant une partie de leurs richesses, ils purifient le reste.

À MANGER POUR LES PAUVRES

Dans certaines parties de l'Inde musulmane, d'énormes marmites, les deghs, servent à préparer des repas en plein air. Au mausolée d'Ajmer, deux deghs permettent de nourrir les nécessiteux, et les gens qui visitent le mausolée peuvent faire des dons de nourriture.

DES DONS DESTINÉS À DURER

Ce document détaille un don fait à l'Etat pour réaliser des travaux. Ce genre de don est appelé *waqf*, et une fois qu'il a été effectué il ne peut plus être récupéré. Les dons servent généralement à l'entretien des mosquées ou des établissements comme les hôpitaux.

UN REPAS APPROPRIÉ
Durant le ramadan, les musulmans rompent le jeûne après le coucher du soleil avec un en-cas léger, qui peut se composer juste de quelques dattes et d'eau. Les prières du coucher du soleil sont suivies du repas principal, qui ne doit pas être trop copieux, car il est déconseillé de manger trop lourdement après le jeûne de la journée. En outre, l'en-cas a déjà apaisé la faim, si bien que celui qui jeûne peut se contenter d'un plat simple, comme une soupe de légumes et du pain.

UNE PROCESSION JOYEUSE
Quand s'achève la solennité du mois du ramadan, une procession est parfois organisée. Cette illustration, tirée d'un livre du XIIIᵉ siècle provenant de Bagdad, montre une procession accompagnée de trompettes et d'étendards.

LE JEÛNE DU MOIS DE RAMADAN

Mahomet reçut la première révélation du Coran durant le neuvième mois lunaire, celui de ramadan. Ce mois possède donc une signification particulière dans l'islam. Chaque jour durant le mois de ramadan, les musulmans jeûnent du lever au coucher du soleil ; ils s'abstiennent de manger, de boire et d'avoir des relations sexuelles. Toutefois, bien que ce jeûne, *sawm*, soit un des piliers de l'islam, ceux qui sont trop malades, les femmes enceintes et les très jeunes enfants peuvent en être dispensés.

LE SIGNAL DU RAMADAN
Dans de nombreux pays musulmans, il est de coutume de tirer le canon le premier jour du ramadan, afin de signaler le début du jeûne. Le canon sert également à annoncer le début et la fin de chaque journée du ramadan.

LA FIN DU RAMADAN
La fin du ramadan est marquée par la fête de l'*Id al-Fitr* – la fête de la rupture du jeûne (p. 60). Au début de cette fête, l'ensemble de la communauté se rassemble dans une zone de prière à l'extérieur (ou dans une mosquée) pour réciter la prière de l'*Id*. La fête dure trois jours, durant lesquels on fait l'aumône aux pauvres et on échange des cadeaux entre amis.

LE PÈLERINAGE

Le dernier des piliers de l'islam est le pèlerinage, *hadj*. Tous les musulmans ont pour objectif d'accomplir ce « grand pèlerinage » une fois dans leur vie. Le *hadj* comporte une série de rites qui se déroulent chaque année à la mosquée sacrée de La Mecque et dans les régions voisines de Mina, Muzdalifa et 'Arafa. Un pèlerinage plus court à La Mecque, appelé *umra*, fait partie du *hadj*, mais il peut s'effectuer indépendamment, à tout moment de l'année.

À LA « KA'BA »

En arrivant à La Mecque, les pèlerins effectuent la *umra* en tournant sept fois autour de la *Ka'ba*, avant de prier près de la station d'Abraham. En mémoire d'Agar, la mère d'Ismaël, le fils aîné d'Abraham, les pèlerins courent ensuite entre les monts Safa et Marwa, après avoir bu l'eau du puits de Zemzem.

Tissu provenant de la Ka'ba

LES TISSUS DE LA « KA'BA »

La *Ka'ba* (ci-dessous) est une construction de pierre d'environ 13 m de long, qui se dresse au centre de la mosquée sacrée de La Mecque. C'est un sanctuaire dédié à Dieu qui date de l'époque d'Adam. La *Ka'ba* est recouverte d'une étoffe noire brodée de versets du Coran. Chaque année, l'étoffe est changée et des morceaux de l'ancienne (à gauche) sont distribués. Ces reliques sont traitées avec énormément de respect, comme cette étoffe qui fut accrochée à l'intérieur de la *Ka'ba*.

les marches du *minbar*, en haut duquel est délivré le sermon (p. 19), et une lampe suspendue.

GUIDE

Cet ancien guide de La Mecque contient des illustrations de la Grande Mosquée. On voit ici les marches du *minbar*, en haut duquel est délivré le sermon (p. 19), et une lampe suspendue.

Citation du Coran disant que le pèlerinage à La Mecque est un devoir pour tous ceux qui peuvent s'y rendre

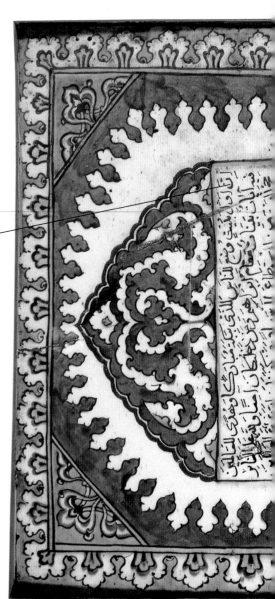

Carreau représentant le plan de la Grande Mosquée de La Mecque, appelée en arabe Masdjid al-Haram

LE « HADJ »

Après la *umra*, les pèlerins quittent La Mecque et se rendent dans la vallée de Mina. Le deuxième jour, ils vont à 'Arafa et prient pour réclamer le pardon. On dit que cela donne aux pèlerins un avant-goût du Jugement dernier, quand ils ressusciteront et que leur âme sera jugée par Allah, avant qu'ils entrent au paradis s'ils en sont dignes. Sur le chemin du retour, ils s'arrêtent à Muzdalifa où ils passent une partie de la nuit à se reposer, à prier et à ramasser de petits cailloux avant de retourner à Mina. Le troisième jour, ils lancent sept cailloux sur le plus grand des trois piliers de pierre qui représentent les tentations de Satan. Les deux jours suivants, les pèlerins restent à Mina et jettent encore des pierres sur les piliers. Ils doivent également sacrifier un animal. Puis ils se lavent, se coupent les cheveux ou se rasent le crâne pour symboliser un nouveau commencement, avant de retourner à La Mecque pour effectuer les sept derniers tours autour de la *Ka'ba*.

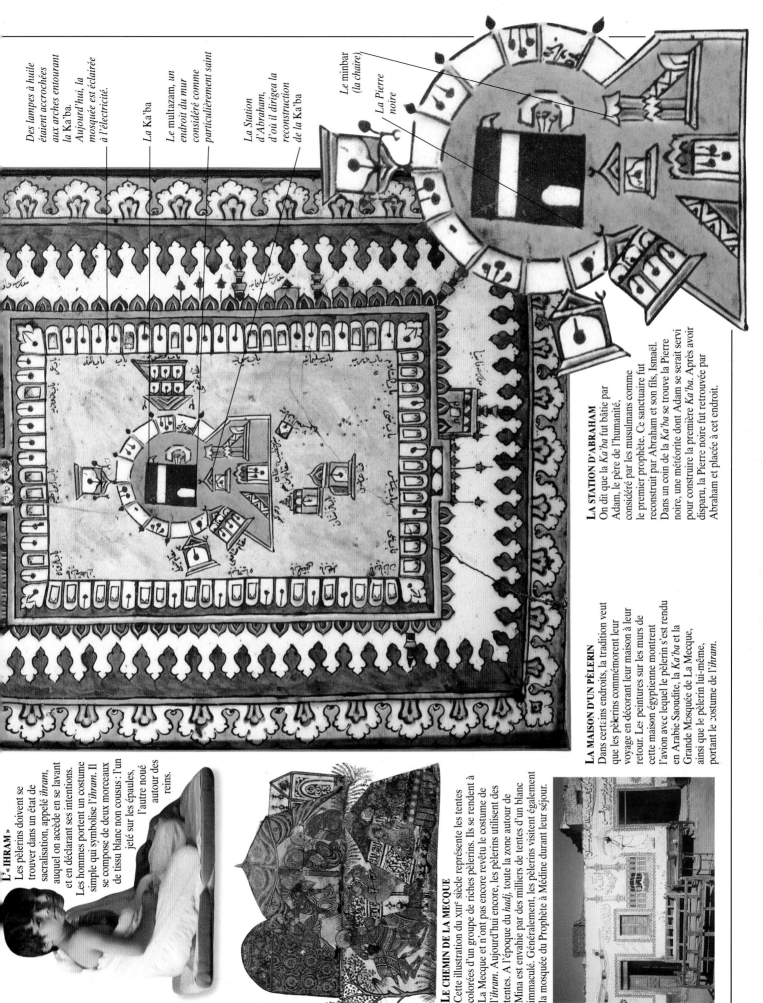

Des lampes à huile étaient accrochées aux arches entourant la Ka'ba. Aujourd'hui, la mosquée est éclairée à l'électricité.

La Ka'ba

Le multazam, un endroit du mur considéré comme particulièrement saint

La Station d'Abraham, d'où il dirigea la reconstruction de la Ka'ba

Le minbar (la chaire)

La Pierre noire

L'« IHRAM »

Les pèlerins doivent se trouver dans un état de sacralisation, appelé *ihram*, auquel on accède en se lavant et en déclarant ses intentions. Les hommes portent un costume simple qui symbolise l'*ihram*. Il se compose de deux morceaux de tissu blanc non cousus : l'un jeté sur les épaules, l'autre noué autour des reins.

LE CHEMIN DE LA MECQUE

Cette illustration du XIIIe siècle représente les tentes colorées d'un groupe de riches pèlerins. Ils se rendent à La Mecque et n'ont pas encore revêtu le costume de l'*ihram*. Aujourd'hui encore, les pèlerins utilisent des tentes. À l'époque du *hadj*, toute la zone autour de Mina est envahie par des milliers de tentes d'un blanc immaculé. Généralement, les pèlerins visitent également la mosquée du Prophète à Médine durant leur séjour.

LA MAISON D'UN PÈLERIN

Dans certains endroits, la tradition veut que les pèlerins commémorent leur voyage en décorant leur maison à leur retour. Les peintures sur les murs de cette maison égyptienne montrent l'avion avec lequel le pèlerin s'est rendu en Arabie Saoudite, la *Ka'ba* et la Grande Mosquée de La Mecque, ainsi que le pèlerin lui-même, portant le costume de l'*ihram*.

LA STATION D'ABRAHAM

On dit que la *Ka'ba* fut bâtie par Adam, le père de l'humanité, considéré par les musulmans comme le premier prophète. Ce sanctuaire fut reconstruit par Abraham et son fils, Ismaël. Dans un coin de la *Ka'ba* se trouve la Pierre noire, une météorite dont Adam se serait servi pour construire la première *Ka'ba*. Après avoir disparu, la Pierre noire fut retrouvée par Abraham et placée à cet endroit.

LA MOSQUÉE

La mosquée constitue le cœur de la communauté musulmane. Il existe de nombreuses petites mosquées de quartier, mais chaque ville possède sa mosquée principale où se déroulent les prières communes du vendredi. Les mosquées sont ouvertes toute la semaine pour la prière, mais il est possible de prier au travail ou chez soi. La mosquée est également un endroit où l'on peut parler de religion et régler les questions qui touchent à la communauté, à l'enseignement ou à la charité. Les mosquées sont construites et administrées par la communauté ou fondées par des dirigeants ou des gens fortunés. Les premières mosquées étaient simplement un endroit à part destiné à la prière commune.

LES BIBLIOTHÈQUES

Les grandes mosquées possèdent souvent des bibliothèques, constituées principalement d'ouvrages pieux et relatifs à la loi religieuse. Elles hébergent souvent des écoles où les enfants apprennent à réciter le Coran. Du fait du système de dons, le *waqf* (p. 14-15), les responsables de la mosquée administrent traditionnellement de nombreux services sociaux.

À L'INTÉRIEUR DE LA MOSQUÉE

Une mosquée est une construction spécialement consacrée à la prière. Une simple pièce peut également servir de mosquée mais des éléments particuliers sont requis comme dans les mosquées traditionnelles. Certaines règles de conduite doivent être observées. Il faut se couvrir la tête et se déchausser. Les femmes ne s'assoient pas avec les hommes.

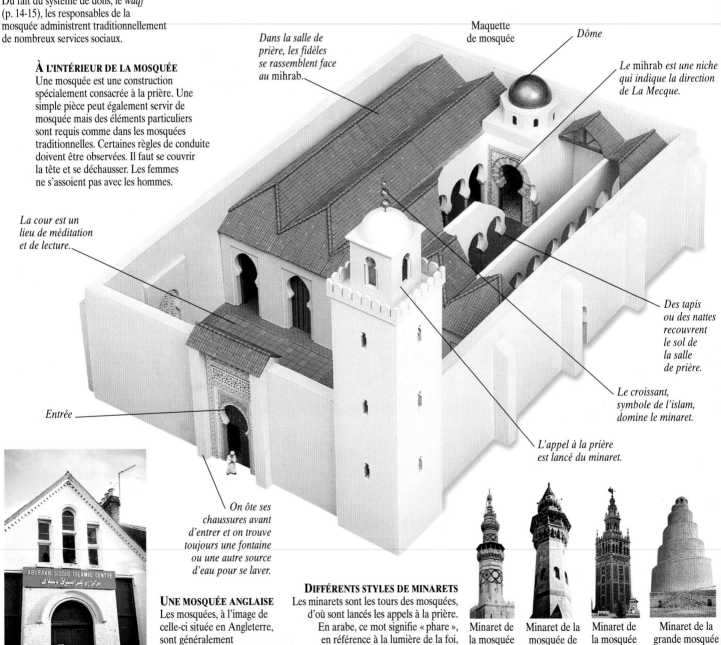

Dans la salle de prière, les fidèles se rassemblent face au mihrab.

Maquette de mosquée

Dôme

Le mihrab est une niche qui indique la direction de La Mecque.

La cour est un lieu de méditation et de lecture.

Des tapis ou des nattes recouvrent le sol de la salle de prière.

Le croissant, symbole de l'islam, domine le minaret.

Entrée

L'appel à la prière est lancé du minaret.

On ôte ses chaussures avant d'entrer et on trouve toujours une fontaine ou une autre source d'eau pour se laver.

UNE MOSQUÉE ANGLAISE

Les mosquées, à l'image de celle-ci située en Angleterre, sont généralement construites dans le style de l'architecture locale.

DIFFÉRENTS STYLES DE MINARETS

Les minarets sont les tours des mosquées, d'où sont lancés les appels à la prière. En arabe, ce mot signifie « phare », en référence à la lumière de la foi, mais aussi parce que, jadis, les minarets servaient de balises pour les voyageurs.

Minaret de la mosquée de Sinan à Damas

Minaret de la mosquée de Salihiye en Syrie

Minaret de la mosquée de Giralda en Espagne

Minaret de la grande mosquée de Samarra en Irak

LE MINBAR

Le *minbar* ressemble à une chaire – une estrade avec des marches – d'où l'on prononce la *khutba*, sermon adressé aux fidèles lors des prières du vendredi. Des *minbars* vieux de mille ans, magnifiquement sculptés et décorés, ont résisté au temps.

Pointe de la mosquée de Selimiye en Turquie

Ornement de tuiles sophistiqué

UNE LAMPE DE MOSQUÉE

Avant l'invention de l'électricité, les mosquées étaient éclairées par de grandes lampes à huile. Les dons d'huile représentaient une forme de charité très répandue. Cette lampe est en bronze recouvert d'or et d'argent. La suie des lampes était récupérée à l'aide d'une plume et transformée en encre pour les calligraphes.

Lampe de mosquée du XVe siècle

LA MOSQUÉE BLEUE D'ISTANBUL

Quand les Ottomans s'emparèrent de Constantinople (aujourd'hui Istanbul), en 1453, leurs architectes utilisèrent à merveille la tradition byzantine des dômes et des riches ornements. L'argent fut dépensé sans compter pour bâtir la mosquée du sultan Ahmed (ci-dessus). Son surnom de mosquée Bleue lui vient des carreaux d'Iznik qui ornent l'intérieur.

LA MOSQUÉE DE SYDNEY

Les premiers musulmans à atteindre l'Australie furent des chameliers afghans et pendjabis qui arrivèrent entre 1867 et 1918 pour proposer des services de transport, essentiels à l'intérieur des terres. La plupart s'installèrent durant la deuxième moitié du XXe siècle.

UNE MOSQUÉE AFRICAINE

Cette mosquée rudimentaire du XVIe siècle, située en Afrique, est plus proche des premières mosquées que de celles dotées de dômes et d'ornements raffinés. Mais l'architecture d'une mosquée n'est pas un élément primordial, car c'est avant tout un lieu de rassemblement pour la prière.

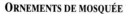

ORNEMENTS DE MOSQUÉE

Avec le temps, les mosquées devinrent de plus en plus raffinées, car les hommes souhaitaient honorer leur foi en comblant de richesses les édifices religieux. Très souvent, on offre des tapis et ceux-ci sont étalés les uns sur les autres, parfois sur plusieurs épaisseurs.

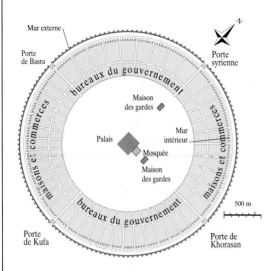

Mur externe

Porte de Basra

Porte syrienne

bureaux du gouvernement

maisons et commerces

Maison des gardes

Palais

Mur intérieur

Mosquée

Maison des gardes

maisons et commerces

bureaux du gouvernement

Porte de Kufa

Porte de Khorasan

500 m

LA VILLE RONDE DE BAGDAD

La première dynastie de l'islam fut celle des Omeyyades qui gouvernèrent depuis Damas en Syrie. En 749, elle fut remplacée par les Abbassides qui gouvernèrent pendant plus de 500 ans depuis Bagdad, leur capitale, située en Irak. Bâtie en 763, la ville reflétait le plan du cosmos avec des portes aux quatre points cardinaux. Bagdad fut détruite par les Mongols en 1258 et le califat fut transféré au Caire en Egypte.

LE RÔLE DU CALIFE

Le calife avait pour devoirs de diriger l'armée et de gouverner selon les principes de l'islam. Il était le représentant symbolique de la communauté des musulmans à travers le monde et conférait des pouvoirs à des chefs musulmans, souvent très puissants. Le sultanat des Mamelouks, par exemple, régna en Egypte de 1250 à 1517. Ci-contre, une lampe de mosquée mamelouke. Ces lampes étaient souvent décorées avec des extraits de la sourate de la lumière dans le Coran (voir à droite).

LES PREMIERS CALIFES

Les quatre premiers califes, Abu Bakr, Omar, Othman et Ali, étaient tous des compagnons du Prophète, et ils suivaient son exemple. Connus sous le nom de « califes bien guidés », ils sont profondément vénérés.

Ali avec son fameux cimeterre, Dhu'l-Faqar

LE CALIFAT

Quand le Prophète mourut en 632, il ne laissa pas de successeur clairement désigné. Les membres dirigeants de la communauté élurent alors Abu Bakr, qui reçut le titre de *khalifat,* un mot qui signifie simplement « successeur » ou « vice-roi » et qui est à l'origine du mot « calife ». Certains pensaient que le candidat naturel était Ali, le cousin du Prophète, qui avait épousé Fatima, la fille du Prophète. Ceux qui voulaient qu'Ali devienne calife furent surnommés musulmans chiites, les « supporters » d'Ali. Celui-ci finit par devenir calife, mais la communauté des musulmans était divisée entre les musulmans sunnites qui estimaient que le calife devait être élu, et les musulmans chiites pour qui le califat devait revenir aux descendants d'Ali et de Fatima.

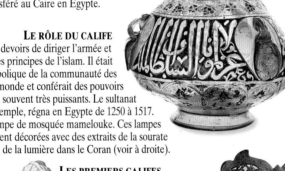

« Allah est la lumière des cieux et de la Terre ; Sa lumière est comme une niche dans un mur où se trouve une lampe. »

SURA AL-NUR, SOURATE DE LA LUMIÈRE, LE CORAN

MÉDAILLON

La représentation de créatures vivantes est interdite par l'islam, car on pense que seul Allah possède le pouvoir divin de la création. Toutefois, ce médaillon ancien représente le portrait d'un calife, dans un style inspiré des pièces de monnaie perses d'avant l'islam.

LA CARAFE DE CHARLEMAGNE

Harun al-Rachid, calife à la fin du VIIIᵉ siècle, se promena dans Bagdad déguisé pour découvrir le vrai visage de sa capitale. Il échangea également des ambassades avec Charlemagne, roi des Francs, et il lui envoya cette carafe et un éléphant.

Inscriptions calligraphiées

« Allah, Mahomet, Fatima et Ali, Hasan et Hussein », en calligraphie arabe

« TIRAZ »

Certains calives offraient des *tiraz* – des bandes d'étoffe spécialement réalisées pour eux – ou bien des tuniques tissées de motifs calligraphiés à des courtisans, des ambassadeurs et des dirigeants étrangers. C'était plus particulièrement une coutume des calives fatimides du Caire, qui prétendaient être les descendants d'Ali et de Fatima. Les étoffes très prisées portaient les noms des calives, des prières ou des poèmes.

EMBLÈME CHIITE

Le fils d'Ali et de Fatima, Hussein, fut tué à Kerbela par l'armée du calife omeyyade. L'emblème ci-dessus servit à indiquer l'endroit où l'armée chiite se rassembla avant le début de la bataille. Les événements de Kerbela creusèrent le fossé entre les musulmans sunnites et chiites. Aujourd'hui, les chiites représentent environ 10 % de la communauté musulmane.

MAHMAL

Le calife était le protecteur des lieux saints, La Mecque et Médine, et des pèlerins. Cette procession comprend un chameau qui transporte une tente, *mahmal*, remplie de présents.

Inscription proclamant l'unité d'Allah

PIÈCE DE MONNAIE OMEYYADE

Abd al-Malik, un des calives omeyyades, fit frapper cette pièce à l'époque où il régnait depuis Damas en Syrie. Après leur défaite face aux Abbassides, une branche du califat omeyyade gouverna des territoires musulmans en Occident, depuis l'Espagne.

ATATÜRK

Les Ottomans, en Turquie, furent les derniers à exercer le califat. Celui-ci fut supprimé en 1924 par le premier président de la Turquie, connu sous le nom d'Atatürk, dans le cadre de son plan pour moderniser le pays.

LES PREMIÈRES CONQUÊTES

Les trois premiers califes, Abu Bakr, Omar et Othman, élargirent rapidement leur territoire, créant un empire qui finit par s'étendre de la péninsule arabe à l'Espagne. La majeure partie de ces terres furent conquises par la force, mais l'islam se propagea également de manière pacifique dans des zones où les dirigeants locaux conclurent des alliances avec les califes. Les membres d'autres religions qui vivaient dans ces zones – les juifs, les chrétiens et les zoroastriens – prirent le surnom de *dhimmis* (les gens protégés), car ils bénéficiaient d'une protection en échange du versement d'un impôt. Par la suite, d'autres peuples, comme les Hindous de l'ouest de l'Inde, devinrent eux aussi des *dhimmis*.

UN EMPIRE EN EXPANSION
A la fin du règne de Othman en 656, l'empire se composait de l'Arabie, de la Palestine, de la Syrie, de l'Égypte, de la Libye, de l'Irak, d'une grande partie de la Perse (l'actuel Iran) et du Sind (région du Pakistan). La dynastie des Omeyyades (661-750) se répandit dans le reste de l'Afrique du Nord, en Espagne et continua vers l'est.

LA COURONNE DE RECESWINTHE
Cette couronne était portée par un des premiers dirigeants musulmans d'Espagne, à la demande de son épouse, un princesse germanique appartenant au peuple des Wisigoths.

PLAN DE JÉRUSALEM
Ce plan en mosaïque montre Jérusalem au VIᵉ siècle. Sans doute ressemblait-elle à cela en 638 lorsque, durant le règne du calife Omar, les musulmans conquirent la ville. Pendant plusieurs siècles les dirigeants islamiques de la ville se montrèrent tolérants vis-à-vis des juifs et des chrétiens qui vivaient à Jérusalem et la considéraient comme un lieu saint.

LE ROCHER DE GIBRALTAR
Les forces musulmanes débarquèrent en Espagne en 711, en atteignant d'abord le rocher de Gibraltar sous le commandement d'un Berbère, ancien esclave, Tariq, à qui Gibraltar doit son nom (djabal-al-Tariq). Dès 715, les musulmans avaient conquis la majeure partie de l'Espagne, en s'installant principalement dans le Sud, et, bientôt, leurs armées pénétrèrent en France.

MOSQUÉE À DAMAS
Sous la dynastie des Omeyyades, la ville de Damas, en Syrie, devint la capitale de l'Empire islamique. Les Omeyyades firent bâtir la Grande Mosquée au début du VIIIᵉ siècle.

DÉCORATION DE MOSQUÉE
Des mosquées furent construites dans tout l'empire. Un grand nombre d'entre elles étaient décorées de manière somptueuse. Cette arche au-dessus de l'entrée de la Grande Mosquée de Damas montre que les tailleurs de pierre musulmans utilisaient différents marbres et des incrustations de mosaïques faites avec d'autres pierres de couleurs vives.

LES RUINES DE CARTHAGE
La grande ville de Carthage en Afrique du Nord, habitée autrefois par les Phéniciens, avait été gouvernée par les Romains avant de devenir un poste avancé de l'Empire chrétien byzantin, pendant une courte période. Victime de nombreuses batailles en 697 et en 698, Carthage tomba aux mains des armées musulmanes. La population berbère qui vivait là accepta très vite l'islam et se joignit à l'avancée des forces musulmanes vers l'Occident.

Arc de triomphe romain à Carthage

CHARLES MARTEL, ROI DES FRANCS
Au VIIIᵉ siècle, la plus grande partie de l'Europe occidentale était dirigée par un peuple germanique nommé les Francs, avec à sa tête le roi Charles Martel. En 732, Charles Martel vainquit l'armée musulmane entre Tours et Poitiers, marquant ainsi la limite de l'Empire musulman au nord-ouest. Cinq ans plus tard, il repoussa les musulmans hors du midi de la France.

UNE AVANCÉE EN FORCE
Cette image tirée d'un manuscrit ancien montre des soldats musulmans rassemblés près de leurs tentes. Ces soldats, efficaces et disciplinés, étaient redoutés dans toute l'Europe de l'Ouest. Ils progressèrent jusqu'en France où ils conquirent des régions comme le Languedoc et la Bourgogne.

BANNIÈRE DE BATAILLE
En 1212, se déroula en Espagne la bataille de Las Navas de Tolosa, entre les Almohades, une dynastie musulmane locale, et une armée chrétienne. Les Almohades, qui marchaient derrière cette bannière, furent vaincus et le pouvoir musulman en Espagne s'en trouva affaibli.

DES SAVANTS ET DES PROFESSEURS

L'éducation a toujours occupé une place importante dans le monde islamique. Un système d'enseignement s'est développé, dans lequel les enfants apprenaient à mémoriser et à réciter le Coran à l'école. Une fois qu'ils maîtrisaient ce texte, ils pouvaient étudier dans une école d'un niveau supérieur, une madrasa. Des études plus approfondies pouvaient être poursuivies à l'université. Dès le début, l'éducation musulmane a une base religieuse et le niveau élevé produisit des érudits dans de nombreux domaines allant des mathématiques à la poésie.

UNIVERSITÉ AL-AZHAR
L'université al-Azhar du Caire, fondée au Xᵉ siècle, est devenue l'université islamique la plus célèbre au monde. Réputée pour son enseignement philosophique et théologique, son nom signifie « la magnifique ». De nombreuses traditions universitaires, comme la distinction entre étudiants des premier et deuxième cycles, ont vu le jour à al-Azhar.

AVICENNE
Le savant Ibn Sina (980-1037), connu en Occident sous le nom d'Avicenne, écrivit de nombreux ouvrages de médecine et de philosophie. Dans ces deux domaines, il développa le travail des Grecs anciens.

MADRASA DU CAIRE
Une madrasa était une école où l'on enseignait des disciplines comme la loi, la logique, les mathématiques et l'histoire. Les madrasas étaient généralement organisées autour d'une cour, avec de grandes salles pour les cours et des petites pièces pour les étudiants.

GLOBE
Dès le XIIIᵉ siècle, les savants musulmans possédaient de vastes connaissances en astronomie (p. 29). Ils créèrent des globes célestes comme celui-ci pour montrer la position des étoiles dans le ciel.

TOMBEAU DE SAVANT
Il arrive que l'on commémore la mémoire d'un savant célèbre avec un tombeau. Bin Ali, savant yéménite réputé au XIVᵉ siècle, fut enterré dans cette étonnante sépulture à deux dômes près de Dhofar à Oman.

LIVRES DE BIBLIOTHÈQUE

Les centres d'enseignement se développèrent dans les grandes villes comme Bagdad en Irak, Damas en Syrie. On y trouvait des bibliothèques souvent plus importantes que dans les villes et les universités occidentales.

CORAN

L'enseignement de l'arabe a toujours occupé une place centrale dans l'islam. Traditionnellement, les musulmans apprennent à réciter tout le Coran par cœur, en langue arabe originale, et ceci quelle que soit la langue qu'ils utilisent chaque jour.

OUVRAGE DE DROIT

Les érudits musulmans promulguèrent quelques lois très modernes. Par exemple, les femmes eurent très tôt le droit – contrairement à ce qui se passait en Occident – de posséder et d'hériter de biens. Cet ouvrage explique de quelle façon l'héritage était calculé.

LE MOLLAH

En Perse (Iran), un mollah est un érudit de la religion, docteur en droit canonique. La plupart des mollahs ont reçu une éducation religieuse stricte, mais ce titre peut être donné à quelqu'un qui possède une autorité dans le domaine religieux.

LECTURE DE POÉSIE

Récitée ou mise en musique, la poésie occupait une place importante en Arabie, avant même l'époque de Mahomet. Elle demeura longtemps populaire. Outre les sujets religieux, la poésie parlait d'amour et de politique.

Encrier en agate et en or

ENCRIER EN AGATE

La calligraphie était un art important et respecté. Si le matériel pour écrire était souvent rudimentaire, on fabriquait également quelques jolis objets, comme cet encrier du XIXe siècle.

L'ÉCRITURE

Pour les musulmans, l'écriture est une des techniques les plus importantes. Comme ils pensent que le Coran renferme les paroles d'Allah, les scribes veulent reproduire ces paroles de la manière la plus fidèle et la plus belle possible. C'est pourquoi de nombreux musulmans pratiquent la calligraphie, l'art de la belle écriture. La calligraphie n'apparaît pas seulement dans les livres ; elle sert également à décorer des constructions ou d'autres objets, tout en leur apportant un sens.

LES PREMIERS ÉLÈVES
Cette illustration d'un texte persan du XVIᵉ siècle montre deux enfants dans une école coranique. C'est là qu'ils recevaient l'éducation traditionnelle des jeunes musulmans en apprenant à lire, à écrire et à réciter par cœur le Coran.

L'écriture mahribi *est un des styles de calligraphie islamique les plus répandus.*

DES ÉLÈVES AU TRAVAIL
Certains enfants musulmans, comme ces élèves d'Ouzbékistan, continuent à étudier dans les écoles coraniques traditionnelles. Mais, dans de nombreux endroits, l'enseignement moderne a remplacé ce type d'éducation, même si les enfants peuvent fréquenter les deux types d'établissement.

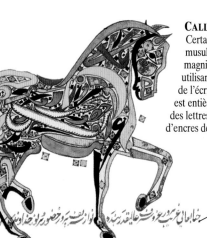

CALLIGRAPHIE HIPPIQUE
Certains calligraphes musulmans réalisent de magnifiques dessins en utilisant les formes incurvées de l'écriture arabe. Ce cheval est entièrement dessiné avec des lettres arabes décorées d'encres de différentes couleurs.

Inscription écrite sous forme lisible

BANNIÈRES DE PIERRE
La calligraphie est utilisée sur de nombreux bâtiments islamiques. Sur cette madrasa de Konya en Turquie, des bandes de calligraphie sculptée s'enroulent autour de l'entrée et semblent former un nœud, comme des bannières en tissu.

CRAYON ET ENCRE
Les premiers calligraphes se servaient de roseaux taillés en pointe avec un couteau (à gauche). L'encre noire était fabriquée avec de la suie mélangée à un peu d'eau pour la rendre plus fluide.

Pinceaux en poils d'animaux pour obtenir des caractères plus larges

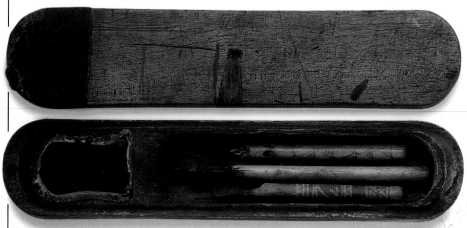

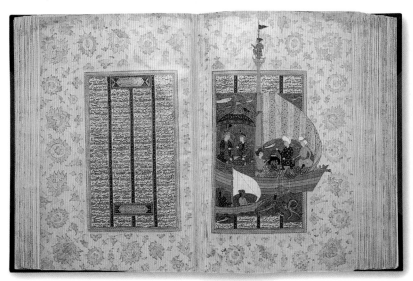

ENCRIER
Deux bandes calligraphiées ornent cet encrier fabriqué en Iran au XVIe siècle. Sans doute a-t-il inspiré son propriétaire pour tracer une écriture belle et élégante.

LE LIVRE DES ROIS
Ce livre est un poème épique composé en Iran. Il est rédigé dans une écriture arabe fluide appelée *nasta'liq*. Les longues courbes des lettres ressemblent à des ailes d'oiseau.

RELIEUR
Cet artisan indien tient les pages d'un livre pour les relier. La reliure devint un art très important du fait de la nécessité de protéger les exemplaires du Coran.

Pinceaux de calligraphie en poils d'animaux pour les petits caractères

PINCEAUX LARGES
Si la calligraphie s'effectue généralement avec un crayon et de l'encre, on utilise parfois un pinceau en poils d'animaux pour obtenir des traits plus larges ou pour colorier des espaces vides. Ces pinceaux ont été faits avec des poils de chèvre et de loup.

« LES MILLE ET UNE NUITS »
Le texte des *Mille et Une Nuits* est un recueil de contes arabes dont on dit qu'ils ont été racontés au roi de Perse Chahriyar par son épouse Schéhérazade. Pleines d'aventures, ces histoires magiques continuent de distraire les lecteurs.

LA DIFFUSION DE L'ENSEIGNEMENT

L'éducation islamique ne repose pas uniquement sur l'étude du Coran. Un dicton célèbre demande aux étudiants musulmans de « chercher la connaissance, même jusqu'en Chine ». Au Moyen Âge, il existait des savants musulmans réputés, dans de nombreux domaines, qu'il s'agisse de l'astronomie, des mathématiques, de la médecine ou des sciences naturelles, et dans tous ces domaines leurs idées étaient souvent en avance sur leur époque. Les érudits islamiques tiraient une grande partie de leur savoir du monde antique. Ils traduisaient les travaux des savants grecs anciens, préservant ainsi des connaissances qui avaient été perdues ou oubliées. Ils y ajoutèrent leurs propres découvertes, en enregistrant soigneusement leurs avancées.

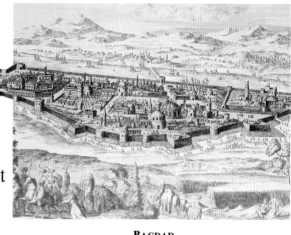

BAGDAD

Sous le règne des Abbassides, la ville fortifiée de Bagdad devint un important centre d'enseignement, avec sa propre université et ses nombreuses écoles. La ville connut son apogée durant le règne du calife Harun al-Rachid, qui gouverna de 786 à 809. A cette époque, Bagdad était le centre intellectuel du monde musulman.

Arche en fer à cheval à Cordoue, en Andalousie, en Espagne

Cette carte d'al-Idrisi montre l'image que l'on se faisait du monde au XIIᵉ siècle.

Afrique

Arabie

Asie

STYLE ARCHITECTURAL

Partout où les peuples islamiques se sont installés, ils ont érigé des constructions en utilisant un style architectural distinctif. L'extérieur simple de ces constructions cache souvent des intérieurs somptueux ornés de motifs géométriques et de calligraphies. L'arche en forme de fer à cheval était très répandue, pour son élégance et aussi parce qu'elle supportait de fortes pressions.

L'âne fait tourner le bras pour actionner la pelle à eau.

Contrairement aux cartes occidentales modernes, le Sud est situé en haut et le Nord en bas.

Europe

AL-IDRISI

Ecrivain et voyageur, al-Idrisi (v. 1100-v. 1166) était né à Ceuta au Maroc, mais il travailla presque toute sa vie pour le roi normand Roger II de Sicile. Il dessina cette carte du monde pour le souverain et rédigea un ouvrage de géographie qui décrivait le monde au nord de l'équateur.

La pelle apporte de l'eau dans un système de canalisations qui traverse les champs.

TECHNIQUES D'IRRIGATION

L'eau étant une chose rare dans la majeure partie du monde islamique, les inventeurs utilisèrent tout leur génie pour bâtir des systèmes d'irrigation. Cela allait des systèmes rudimentaires comme cette pelle à eau actionnée par un âne à tout un réseau de canaux d'irrigation en Iran, construit sous terre pour limiter la perte d'eau due à l'évaporation. Certains de ces canaux, les *qanats*, mesurent 19 km de long.

ASTRONOMIE

L'astronomie était une science importante aux yeux des musulmans, car elle pouvait servir à calculer la direction de La Mecque, afin que les gens sachent vers où se tourner pour prier. Cela permettait également de déterminer l'heure des prières. C'est pourquoi l'astronomie connut de grandes avancées. Les astronomes mirent au point des instruments performants, ils tracèrent des tables indiquant avec précision les mouvements des planètes et ils établirent des calendriers précis. Nous continuons à bénéficier, aujourd'hui encore, des travaux de ces savants, et les noms de certaines étoiles proviennent de mots arabes.

OBSERVATOIRE DE JAIPUR

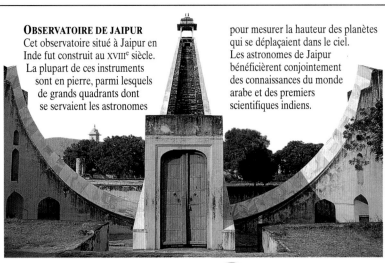

Cet observatoire situé à Jaipur en Inde fut construit au XVIIIe siècle. La plupart de ces instruments sont en pierre, parmi lesquels de grands quadrants dont se servaient les astronomes pour mesurer la hauteur des planètes qui se déplaçaient dans le ciel. Les astronomes de Jaipur bénéficièrent conjointement des connaissances du monde arabe et des premiers scientifiques indiens.

OBSERVATOIRE D'ISTANBUL

En 1575, alors que l'Empire ottoman était à son apogée, l'astronome Taqi al-Din créa un observatoire à Galata (aujourd'hui quartier d'Istanbul en Turquie). Cette peinture d'époque montre les astronomes avec leur matériel : une mappemonde, un sablier pour mesurer le temps, des accessoires pour dessiner et toutes sortes d'appareils d'optique.

Echelles indiquant les positions de différentes étoiles

Axe central

Astrolabe persan

ASTROLABE

L'astrolabe est un instrument pour mesurer la hauteur d'une étoile ou d'une planète dans le ciel. Il a sans doute été inventé par les Grecs anciens, mais ce sont les érudits et les artisans musulmans qui l'ont développé pour le rendre plus performant en ajoutant de nouvelles données permettant de calculer les positions d'un grand nombre d'étoiles. L'astrolabe était particulièrement utile pour les voyageurs, car il les aidait à déterminer leur position en mer.

Bras pivotant avec curseur

Instructions pour utiliser le quadrant

Fil à plomb

Echelle

Quadrant arabe

LEÇON D'ASTRONOMIE

Ce groupe d'étudiants assiste à une démonstration de l'astrolabe par leur professeur. Il existait de nombreux observatoires où de telles leçons pouvaient avoir lieu ; ces centres se propagèrent rapidement au IXe siècle, pendant le règne du calife Abd Allah al-Ma'mun. Le calife fonda la maison de la Sagesse à Bagdad, qui comportait un observatoire, et il ordonna aux savants de mettre au point des tables astronomiques plus précises.

QUADRANT

Cet instrument était le plus simple pour mesurer la hauteur d'une étoile. Il se composait d'un cadre en forme de quart de cercle, avec une échelle graduée sur la partie incurvée et un fil à plomb qui pendait verticalement. L'utilisateur regardait une étoile à travers un trou dans le cadre. La hauteur de l'étoile était indiquée à l'endroit où le fil à plomb croisait l'échelle.

Page de titre du *Canon de la médecine*

MÉDECINE

La médecine islamique des origines était très en avance sur son temps. Les médecins connaissaient déjà de nombreuses choses sur le diagnostic et le traitement des maladies, l'anatomie, la pédiatrie, la santé publique, et même la psychiatrie. Bon nombre de ces connaissances restent valables aujourd'hui. Des étudiants effectuaient des milliers de kilomètres pour étudier la médecine dans des centres réputés, comme l'hôpital 'Adudi de Bagdad.

LE « CANON DE LA MÉDECINE »

Le livre le plus célèbre du savant Avicenne, Ibn Sina (p. 24), est le *Canon de la médecine*. Pour l'écrire, Ibn Sina s'est inspiré des textes des médecins grecs de l'Antiquité. Travail gigantesque, cet ouvrage englobe des sujets comme l'anatomie et l'hygiène, il décrit une grande variété de maladies et de blessures, et dresse la liste de centaines de traitements.

L'ART DU PHARMACIEN

Le monde islamique donna naissance aux premiers pharmaciens expérimentés qui fabriquaient leurs propres remèdes et travaillaient étroitement avec les médecins. Dès le IXe siècle, des pharmacies privées ouvrirent à Bagdad, où grâce à un commerce florissant avec l'Asie et l'Afrique, les pharmaciens se procuraient des herbes et des épices. Très vite, des pharmacies apparurent dans d'autres villes.

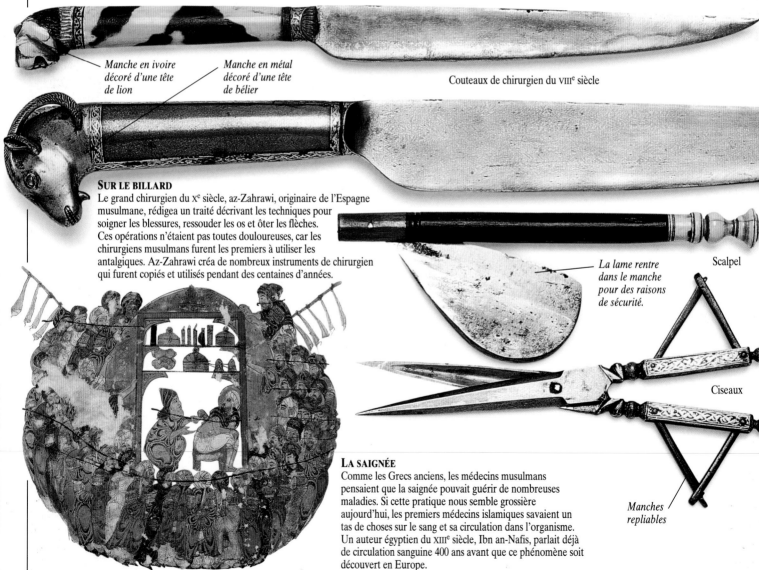

Manche en ivoire décoré d'une tête de lion

Manche en métal décoré d'une tête de bélier

Couteaux de chirurgien du VIIIe siècle

SUR LE BILLARD

Le grand chirurgien du Xe siècle, az-Zahrawi, originaire de l'Espagne musulmane, rédigea un traité décrivant les techniques pour soigner les blessures, ressouder les os et ôter les flèches. Ces opérations n'étaient pas toutes douloureuses, car les chirurgiens musulmans furent les premiers à utiliser les antalgiques. Az-Zahrawi créa de nombreux instruments de chirurgien qui furent copiés et utilisés pendant des centaines d'années.

La lame rentre dans le manche pour des raisons de sécurité.

Scalpel

Ciseaux

LA SAIGNÉE

Comme les Grecs anciens, les médecins musulmans pensaient que la saignée pouvait guérir de nombreuses maladies. Si cette pratique nous semble grossière aujourd'hui, les premiers médecins islamiques savaient un tas de choses sur le sang et sa circulation dans l'organisme. Un auteur égyptien du XIIIe siècle, Ibn an-Nafis, parlait déjà de circulation sanguine 400 ans avant que ce phénomène soit découvert en Europe.

Manches repliables

PHYTOTHÉRAPIE

Le chirurgien grec de l'Antiquité Dioscoride écrivit une célèbre encyclopédie botanique qui fut traduite en arabe. Ses cinq tomes décrivent toutes sortes de plantes utilisées en médecine et dans d'autres préparations. Cette page d'une version arabe datant du Xe siècle montre du henné, une plante largement utilisée dans le monde arabe comme teinture.

CONSERVATION

De nombreux remèdes étaient fabriqués à partir d'herbes fraîches, qu'on ne trouvait pas toute l'année. C'est pourquoi les herboristes faisaient sécher des feuilles, des graines et d'autres parties des plantes, pour pouvoir les utiliser à tout moment. Les herbes étaient stockées dans des pots en verre ou en poterie, généralement fermés par un bouchon de liège.

La couleur sombre protège de la lumière.

Pots pour stocker les herbes

Lame pointue pour percer et couper la peau

Le fond arrondi facilite le mélange.

Pilon et mortier

PRÉPARATIONS

Les pharmaciens et les médecins préparaient souvent des remèdes en broyant et en mélangeant les ingrédients avec un pilon, dans un mortier. Ils effectuaient leurs préparations soigneusement, en suivant généralement les conseils du *al-Aqrabadhim*, ouvrage du XIe siècle, qui décrit de nombreuses médications.

LES MATHÉMATIQUES

Les mathématiques modernes ont vu le jour grâce aux érudits musulmans. Les mathématiciens vivant à Bagdad purent rassembler les connaissances provenant de la Grèce et de l'Inde antiques, auxquelles ils apportèrent leurs propres contributions. A côté de l'étude du calcul et de la géométrie, ils inventèrent également la science de l'algèbre, un mot qui vient de l'arabe *al-jabr* et qui décrit une méthode pour résoudre les équations.

CHIFFRES ARABES

Les chiffres que nous utilisons aujourd'hui sont nés en Inde. Dès le VIe siècle, les Indiens utilisaient un système qui attribuait une valeur à un nombre en fonction de sa position, ainsi que le zéro, inconnu en Occident. Cette méthode facilitait énormément le calcul. Elle fut reprise par les musulmans au IXe siècle et sans doute transmise à l'Europe grâce à la traduction d'un ouvrage arabe sur les mathématiques au XIIe siècle.

Indiens

Arabes

Espagnols

Italiens

NOMADES OU SÉDENTAIRES

Alors que l'islam se répandait, la foi s'imposa à des individus aux styles de vie très différents. Les nomades vivaient sous des tentes et se déplaçaient d'un endroit à un autre à la recherche de nouvelles pâtures pour leurs bêtes. D'autres personnes vivaient dans des lieux fixes, qu'il s'agisse de petits villages dans des oasis ou de certaines villes les plus raffinées au monde. Mais les habitants des villes eux-mêmes se déplaçaient souvent, car beaucoup étaient des marchands qui traversaient le désert avec des caravanes de chameaux, d'un marché à l'autre. Chacun à leur manière, les nomades et les sédentaires participèrent à la propagation de l'islam dans l'ouest de l'Asie et en Afrique du Nord.

LE SEUIL DE LA MAISON
Dans la tradition islamique, la porte représente le point de rencontre entre l'intimité de l'intérieur de la maison et le monde extérieur. Elle est souvent ornée de sculptures ou de décorations peintes.

OASIS
L'eau emprisonnée sous terre, très profondément, remonte à la surface des oasis, de petites étendues de verdure au milieu du sable et des rochers du désert. Les gens peuvent s'y installer et cultiver des récoltes, comme les dattiers. Les oasis sont également des sources d'eau vitales pour les peuples nomades du désert.

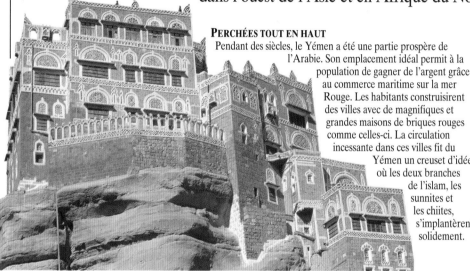

PERCHÉES TOUT EN HAUT
Pendant des siècles, le Yémen a été une partie prospère de l'Arabie. Son emplacement idéal permit à la population de gagner de l'argent grâce au commerce maritime sur la mer Rouge. Les habitants construisirent des villes avec de magnifiques et grandes maisons de briques rouges comme celles-ci. La circulation incessante dans ces villes fit du Yémen un creuset d'idées où les deux branches de l'islam, les sunnites et les chiites, s'implantèrent solidement.

LIEUX D'ÉCHANGES
De Tanger en Afrique du Nord à Muscat en Arabie, la plupart des villes musulmanes ont toujours eu des marchés qui constituaient des lieux de rencontres pour les habitants de tout le monde islamique. Chacun venait ici pour faire du commerce : les nomades, les fermiers, les artisans et, bien entendu, les marchands venus de près ou de loin. Ces rassemblements faisaient des marchés des lieux de prédilection pour la propagation de l'islam.

Des piquets en bois maintenus par des cordes soutiennent la tente.

CAVALIER ET SON CHAMEAU

Les chameaux offrent un moyen de transport idéal dans le désert, car ils peuvent se passer de manger et de boire pendant plusieurs jours grâce aux réserves de graisse contenues dans leurs bosses. Celui-ci porte une selle ornée de glands, sous une couverture en peau de mouton. Le cavalier porte la tenue traditionnelle des Bédouins, une longue tunique blanche couverte d'une cape, avec une coiffure maintenue par deux cordons de laine. Ces vêtements le protègent à la fois du soleil et du vent.

Les pattes larges et plates ne s'enfoncent pas dans le sable.

SUPER-SELLE

Les chevaux ont toujours joué un rôle important chez les Arabes, surtout chez les nomades. Aujourd'hui encore, les chevaux arabes sont très recherchés. Cette selle, avec son tapis assorti, est digne du plus beau cheval arabe.

LA VIE DES MONGOLS

Les Mongols d'Asie centrale, des nomades vivant dans des tentes rondes, les yourtes, ont conquis des terres islamiques aux XIIIᵉ et XIVᵉ siècles, après quoi de nombreux Mongols sont devenus musulmans.

TENTE DE BÉDOUINS

Les Bédouins d'Arabie et d'Afrique du Nord sont des habitants du désert, dont l'existence nomade est fondée sur l'élevage des chameaux. Ils furent parmi les premiers à se convertir à l'islam et à répandre la foi. Certains Bédouins vivent encore dans de longues tentes basses, mais rares sont ceux qui sont restés nomades.

CULTURE ISLAMIQUE

Très vite, l'islam a développé son propre style, qui trouva une expression unique dans chacune des diverses cultures qui fleurissaient à l'intérieur de son empire. Un célèbre *hadith* (récit islamique) dit : « Allah est beau et il aime la beauté. » La beauté était donc très importante, et les arts décoratifs comme l'architecture, la calligraphie, la peinture, le travail du textile, du métal et de la céramique furent encouragés. Une des caractéristiques frappantes de l'art islamique est l'usage très répandu des motifs dans la décoration, inspiré par l'amour de la géométrie. La poésie et la musique figuraient, elles aussi, parmi les principales formes d'art.

DIGNE D'UN SULTAN
Le palais de Topkapi à Istanbul fut la résidence des souverains de l'Empire turc ottoman du XVᵉ au XIXᵉ siècle. Parmi les appartements privés magnifiquement décorés se trouve la salle à manger du sultan Ahmed III, ornée de peintures colorées représentant des arrangements floraux et des coupes de fruits.

CORAN DÉCORÉ
Cet exemplaire du Coran, réalisé au XIIᵉ siècle à Delhi en Inde, est orné de motifs à la feuille d'or. Toutes les copies de Coran ne sont pas aussi richement décorées que celle-ci, mais les calligraphes musulmans s'efforcent toujours d'obtenir le plus beau résultat possible.

OISEAU DE BRONZE
Cette statuette d'un oiseau est un exemple du travail du métal chez les Perses. Il date du XIIᵉ ou XIIIᵉ siècle. Les motifs qui figurent sur les ailes et le corps de l'animal sont typiques de cette période.

NÉCESSAIRE À ÉCRIRE
Décoré de marqueterie et de calligraphies, ce nécessaire à écrire devait appartenir à une personne très riche. Il renferme des crayons, des couteaux, des pinceaux, des encres, et d'autres ustensiles destinés au calligraphe. Le superbe travail et les luxueux matériaux de cet objet indiquent l'importance accordée à la calligraphie dans la culture islamique.

Couteaux à manche d'ivoire

Pinceaux

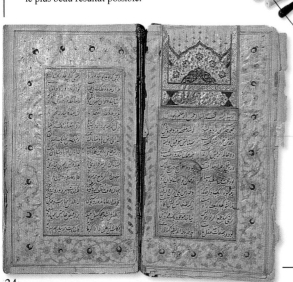

TAPIS À MOTIFS
Les motifs aux couleurs vives de ce tapis montrent comment les artistes musulmans adaptent les formes de la nature. Le motif représente des fleurs, mais celles-ci ont été simplifiées pour prendre un aspect plus abstrait.

LES SOUFIS, MYSTIQUES DE L'ISLAM

Le soufisme est le nom donné aujourd'hui à la
doctrine spirituelle qui se trouve au cœur de
l'islam. Ses adeptes possèdent leurs propres
pratiques spirituelles et une approche différente
de la poésie et de la musique. Les soufis cherchent
à découvrir la signification intérieure de l'islam.
Ils étudient avec un guide spirituel afin de se
rapprocher d'Allah. Leurs pratiques se composent
parfois de chants extatiques et de danses sacrées
qui ont valu à un groupe de soufis le surnom
de « derviches tourneurs ».

TUNIQUE

L'audacieux motif en zigzag de cette
tunique a été réalisé grâce à une technique
baptisée *ikat*, qui consiste à teindre les fils
avant de les tisser. Cette technique est
largement utilisée en Asie centrale pour
créer des motifs puissants et originaux.

*Cinq doubles
cordes*

LE LUTH

La musique arabe possède ses propres
instruments, dont un des plus répandus
est l'*oud*, l'ancêtre du luth occidental.
L'*oud* sert aussi bien pour les solos que pour les
partitions de groupe. Un son chaud et les effets
subtils que peuvent obtenir des joueurs
expérimentés ont valu à cet instrument le titre
de *amir al-tarab* (prince de l'enchantement).

Marqueterie

*Caisse en forme
de poire*

CARREAU
EN FORME D'ÉTOILE

Les carreaux de céramique
constituent un élément de
décoration privilégié dans les
édifices islamiques. Ils s'ornent généralement
de motifs abstraits ou calligraphiés et ont parfois
des formes complexes, comme cette étoile.

LA VILLE ISLAMIQUE

Les musulmans héritèrent des civilisations anciennes, comme celle de la Rome antique, des principes concernant l'organisation des villes et ils construisirent d'importantes cités bénéficiant d'aménagements très en avance sur ceux des villes européennes de l'époque. En l'an 1000, une ville typique comportait une grande mosquée, généralement dotée d'une école et d'une bibliothèque, un marché et des bains publics. On y trouvait également des caravansérails : une hôtellerie qui accueillait les commerçants en voyage avec leurs animaux de bât.

Mosquée principale

Mur d'enceinte de la ville

Place centrale

EAU À VENDRE
Les vendeurs d'eau étaient des personnages que l'on rencontrait fréquemment dans les villes du Moyen-Orient avant l'installation des systèmes d'eau courante. On en voit encore dans certaines cités.

Tasses en métal

PLAN DE LA VILLE
Dans les vieilles villes islamiques, comme Fès au Maroc, les maisons étaient serrées les unes contre les autres, mais chacune possédait un jardinet et une fontaine, ainsi qu'une terrasse sur le toit. Dans de nombreuses villes, surtout en Turquie, et dans l'Inde moghole (p. 52-53), on trouvait des jardins publics derrière les murs d'enceinte.

À LA RECHERCHE D'UN REMÈDE
La médecine était très en avance dans le monde musulman (p. 30-31), et certaines villes devinrent réputées pour la qualité de leurs médecins. Souvent, les voyageurs rapportaient chez eux des remèdes remarquables à base d'herbes ou d'épices, et ils propageaient ainsi des pratiques médicales dans le monde islamique, et au-delà.

MARCHÉS
Les souks, ou marchés couverts, sont de vastes lieux animés. Ils sont agencés de manière à ce que les commerçants qui vendent les mêmes produits soient rassemblés, afin de permettre aux acheteurs de comparer la marchandise et aux inspecteurs des marchés (p. 58) de faire leur travail.

CIMETIÈRES
Les cimetières étaient généralement situés à l'extérieur de la ville. C'étaient des endroits agréables et verdoyants où il faisait bon se promener et méditer en respirant l'air frais. La plupart des gens avaient droit à une simple tombe uniquement marquée par une pierre.

Cette tour de guet permet de surveiller les environs et de tirer sur l'ennemi.

Créneaux protégeant les défenseurs de la cité

BAINS PUBLICS
Se rendre aux bains était autant une
occasion sociale de rencontrer des amis
et d'échanger des nouvelles que de
se laver. Cette peinture perse montre
des hommes aux bains. Les femmes
s'y rendaient à un autre moment
de la journée.

ÉCOUTER UNE HISTOIRE
Dans certaines villes, de confortables cafés
offraient des moments de distraction. Les gens
se rendaient dans ce café d'Istanbul pour passer
le temps en écoutant le conteur local raconter
des histoires.

PIGEONS VOYAGEURS
Les grandes villes islamiques
étaient reliées entre
elles par un service
postal efficace. Le
courrier était transporté
par des chameaux, des
mules ou des chevaux, et,
en 1150, le sultan de
Bagdad créa même
un service postal
avec des pigeons
voyageurs.

Muraille d'une
ville du Maroc

MURS DE LA VILLE
La plupart des villes musulmanes étaient entourées
de murailles. Elles devaient résister aux assaillants et
offrir une bonne vue d'ensemble sur les environs.
Des portes, permettant aux gens d'entrer et de sortir
de la ville, étaient gardées dans la journée et
solidement verrouillées la nuit.

ROUES HYDRAULIQUES
Acheminer l'eau jusqu'à la ville était parfois une tâche ardue.
A Hamah, en Syrie, deux énormes roues furent installées
sur d'imposantes arches de pierre pour transporter l'eau
de la rivière à l'intérieur de la ville. La construction
de ces roues a nécessité un grand savoir-faire.

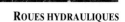

LES COMMERÇANTS ET LES VOYAGEURS

Le commerce a toujours occupé une place de choix dans le monde musulman. Le Prophète Mahomet lui-même était marchand. Partout où les musulmans conquéraient de nouvelles terres, les commerçants suivaient de près, et très vite un réseau de routes et de marchés s'étendit jusqu'en Chine, au cœur de l'Afrique, jusqu'à la Baltique et dans l'océan Indien. La deuxième grande expansion de l'islam fut culturelle, par l'intermédiaire des marchands qui allaient jusqu'en Indonésie. Les musulmans voyageaient pour leurs affaires, ou en tant qu'ambassadeurs, ou en quête de nouveaux savoirs. Bon nombre d'entre eux écrivirent le récit de leurs voyages pour informer leurs amis ou leur gouvernement.

IBN BATTUTA
(1304-ENTRE 1368 ET 1377)
L'un des voyageurs musulmans les plus célèbres est Ibn Battuta. En 1325, âgé alors d'une vingtaine d'années, il partit de Tanger (au Maroc) pour le pèlerinage et il ne cessa de voyager pendant 29 ans. Il parcourut quelque 120 000 km et visita l'équivalent de 44 pays d'aujourd'hui. Il raconta ensuite ses aventures au sultan du Maroc.

MARCHANDS SUR LA ROUTE
Cette illustration du XIIIᵉ siècle représentant des commerçants provient d'un livre de l'écrivain al-Hariri, originaire de Bassora, en Irak. Les marchands ne transportaient pas que des marchandises. Ils véhiculaient également des idées, des inventions et l'islam lui-même qu'ils introduisaient dans de nouvelles régions en poussant loin de chez eux.

Pièces d'argent de Bagdad retrouvées dans une tombe viking en Suède

DES PIÈCES POUR LE COMMERCE
L'archéologie permet de retrouver la trace des réseaux commerciaux. On a ainsi découvert des pièces islamiques dans des butins vikings, sur les côtes du Sri Lanka ou à l'intérieur même de la Chine. Les premiers marchands musulmans étaient surpris d'arriver dans des régions où les pièces de monnaie métalliques étaient inconnues et où des peaux de bêtes servaient à faire des échanges.

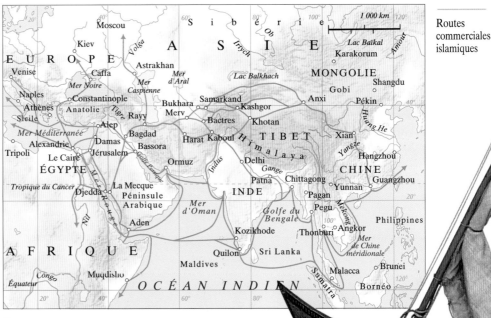

Routes commerciales islamiques

CARTE DES ROUTES COMMERCIALES
Les informations concernant les routes empruntées par les marchands et les voyageurs musulmans nous sont parvenues grâce aux documents officiels et aux récits des voyageurs. La plus célèbre était la route de la soie, un ensemble d'itinéraires qui reliaient l'Europe à la Chine et traversaient de vastes zones du monde islamique.

CARAVANE DE SEL
Cette caravane transportant des plaques de sel se rend à Tombouctou au Mali (p. 48). Le sel est un produit de première nécessité qui était très cher et dont les musulmans font le commerce depuis longtemps. Le sel était particulièrement important en Afrique. Autour des mines de Taghaza (dans l'actuelle Algérie), même les maisons et les mosquées étaient en sel. Des caravanes de chameaux partaient de Taghaza et c'est ainsi que l'islam se propagea vers le sud, en Afrique, sur la route du sel.

LE « DHONY »

Les principaux moyens de transport du commerce de l'océan Indien étaient les *dhonys*, voiliers toujours utilisés de nos jours. Avec leurs voiles triangulaires, ils étaient très maniables et pouvaient voguer face au vent. Les navigateurs musulmans se guidaient avec les étoiles, mais beaucoup utilisaient la boussole. Ils possédaient par ailleurs une excellente connaissance des courants, de la mer et des vents, dont la mousson.

Selle ornée de pompons

CHAMEAU DE BACTRIANE

Le chameau de Bactriane à deux bosses était utilisé sur les routes commerciales du Nord, alors que le dromadaire à une seule bosse était utilisé dans le Sud. Ces animaux sont la clé de la domination islamique dans les régions austères de l'Asie centrale. Très résistants, ils peuvent transformer des plantes amères et de l'eau croupie en un lait savoureux.

Haubans tenant le mât

Voile latine (triangulaire) ferlée

Grand mât

SUCRERIES À VENDRE

Dans des pays comme l'Arabie Saoudite, on trouve dans les commerces et sur les marchés des stands de sucreries très appétissantes. Pendant des siècles, le monde arabe fut réputé pour ses sucreries, et des mots anglais comme *sugar* (sucre) et *candy* (bonbon) viennent de l'arabe.

FEMME NOMADE EN TRAIN DE FILER

Cette illustration montre un berger égyptien et sa femme devant leur tente. La femme file de la laine pour tricoter des vêtements pour elle et sa famille. Le surplus de laine sera vendu au marché local.

Gouvernail (safran)

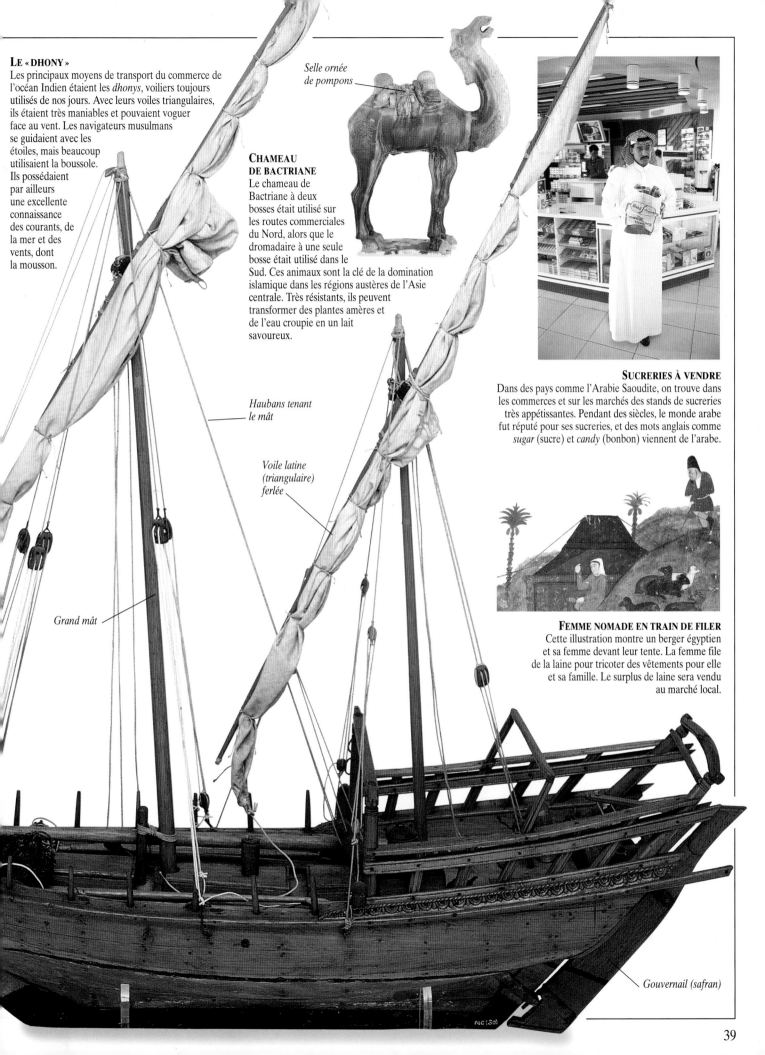

LA DENT DE NARVAL

Parmi les merveilles vendues sur les marchés médiévaux, on trouvait des dents de narval, une petite espèce de baleine. Les histoires de licorne – cheval mythique portant une longue corne sur le front – fascinaient les gens au Moyen Âge et des marchands sans scrupule présentaient des dents de narval comme des cornes de licorne.

LA FAUCONNERIE

En Occident comme en Orient, les nobles aimaient chasser avec des faucons. Le monde arabe offrait les meilleurs spécimens et les plus chers. Quand des envoyés musulmans rendirent visite à l'empereur de Chine durant la dynastie Ming, celui-ci leur demanda de lui apporter des faucons.

L'ENCENS

L'encens que l'on fait brûler pour son parfum est une résine provenant d'arbres qui poussent dans le sud de l'Arabie, mais il était également utilisé en médecine au Moyen Âge. L'encens était très recherché dans l'Europe chrétienne, car il servait lors des cérémonies religieuses. Il devint donc un produit de choix pour les marchands musulmans.

LES PRODUITS EXOTIQUES

Le monde musulman possédait deux énormes avantages commerciaux. D'une part, les marchands avaient de nombreux contacts, sur terre et sur mer, qui leur permettaient, par exemple, de faire le commerce de l'or africain aussi bien que de la porcelaine chinoise, ou encore de l'ambre ou des fourrures d'Europe. D'autre part, les artisans musulmans étaient hautement qualifiés. Les commerçants pouvaient leur fournir des matières premières de qualité (cuir, métal, textile, verre) qu'ils transformaient en produits finis qui trouvaient aussitôt un débouché grâce aux mêmes marchands.

LE COTON

Poussant originellement en Egypte et en Irak, le coton était une matière très appréciée pour l'habillement, car il était frais, agréable à porter et moins cher que le lin.

Branche de coton

LES HUILES

Utilisée en cuisine, pour la fabrication des savons, des cosmétiques et dans les lampes, telles que celle-ci, l'huile se vendait partout. Les huiles végétales (à base de plantes) du monde musulman étaient d'un usage plus agréable que les huiles de poisson malodorantes utilisées souvent en Europe.

UNE CARAVANE DE CHAMEAUX

Avant l'apparition des formes modernes de transport, les caravanes de chameaux étaient le principal moyen de transport de marchandises dans le monde musulman, de l'Arabie au Sahara ou sur la route de la soie à travers l'Asie centrale. Il demeure encore en usage.

Robe teinte à l'indigo

LES TEINTURES

Le bleu était une couleur très utilisée pour les tissus et il existait un vaste marché pour l'indigo, une teinture bleue obtenue à partir de plantes et utilisée aujourd'hui pour des vêtements comme le jean. D'autres teintures, comme la pourpre romaine obtenue à partir de la coquille du murex, étaient plus rares et plus coûteuses.

LES SOIES

Les commerçants musulmans achetaient du fil de soie et des tissus fabriqués en Chine, le long de la route de la soie (p. 38). Le fil était ensuite tissé dans des villes comme Damas (d'où l'adjectif « damassé ») en Syrie, et vendu à des marchands occidentaux.

Soie

LE COMMERCE DE L'IVOIRE

L'ivoire d'éléphant était acheminé à travers le Sahara et l'Ethiopie pour être exporté par les ports d'Afrique du Nord. Le plus gros partait pour l'Espagne musulmane où des artisans talentueux créaient d'étonnants objets, comme des cornes ornementées ou des coffrets superbement sculptés.

Coquille d'huître contenant une perle

LES PÊCHEURS DE PERLES

La pêche aux perles était une activité dangereuse. Malgré cela, des hommes risquaient leur vie au fond du golfe d'Arabie et de l'océan Indien pour répondre à une énorme demande et gagner leur vie. Il existait d'importants marchés de perles à Bahreïn, au Sri Lanka et autour du détroit d'Ormuz, entre Oman et l'Iran.

Collier de perles

Ivoire d'éléphant

LE COMMERCE ALIMENTAIRE

Le monde musulman développa un intense commerce de produits alimentaires variés, qui se poursuit aujourd'hui encore. Cette activité était bénéfique à plusieurs titres. Non seulement elle constituait un gain financier énorme pour les commerçants musulmans, mais elle permit aussi à l'Europe de découvrir des aliments venant de toute l'Asie. Sans les marchands musulmans, les Européens ne connaîtraient pas le riz, le sucre, ou le café. En outre, les marchands installèrent des comptoirs commerciaux dans de nombreuses parties du globe, ce qui permit à l'islam de s'étendre vers l'est, jusqu'en Asie du Sud-Est.

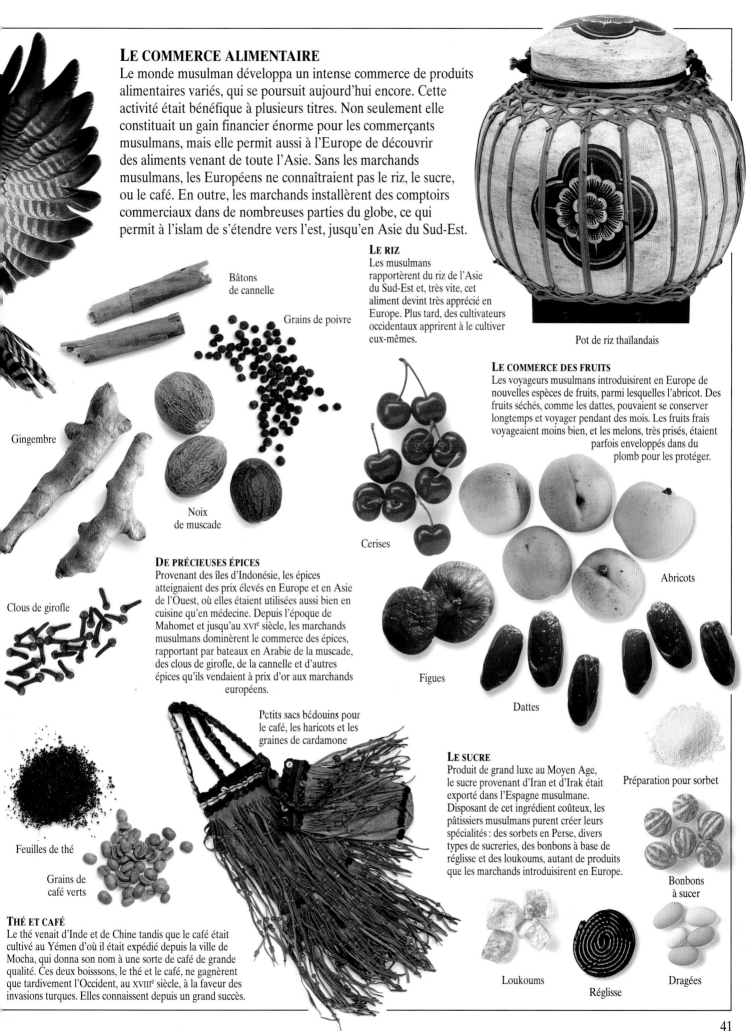

Bâtons de cannelle

Grains de poivre

Pot de riz thaïlandais

LE RIZ
Les musulmans rapportèrent du riz de l'Asie du Sud-Est et, très vite, cet aliment devint très apprécié en Europe. Plus tard, des cultivateurs occidentaux apprirent à le cultiver eux-mêmes.

Gingembre

Noix de muscade

LE COMMERCE DES FRUITS
Les voyageurs musulmans introduisirent en Europe de nouvelles espèces de fruits, parmi lesquelles l'abricot. Des fruits séchés, comme les dattes, pouvaient se conserver longtemps et voyager pendant des mois. Les fruits frais voyageaient moins bien, et les melons, très prisés, étaient parfois enveloppés dans du plomb pour les protéger.

Cerises

Abricots

DE PRÉCIEUSES ÉPICES
Provenant des îles d'Indonésie, les épices atteignaient des prix élevés en Europe et en Asie de l'Ouest, où elles étaient utilisées aussi bien en cuisine qu'en médecine. Depuis l'époque de Mahomet et jusqu'au XVIᵉ siècle, les marchands musulmans dominèrent le commerce des épices, rapportant par bateaux en Arabie de la muscade, des clous de girofle, de la cannelle et d'autres épices qu'ils vendaient à prix d'or aux marchands européens.

Clous de girofle

Figues

Dattes

Petits sacs bédouins pour le café, les haricots et les graines de cardamone

LE SUCRE
Produit de grand luxe au Moyen Age, le sucre provenant d'Iran et d'Irak était exporté dans l'Espagne musulmane. Disposant de cet ingrédient coûteux, les pâtissiers musulmans purent créer leurs spécialités : des sorbets en Perse, divers types de sucreries, des bonbons à base de réglisse et des loukoums, autant de produits que les marchands introduisirent en Europe.

Préparation pour sorbet

Feuilles de thé

Grains de café verts

Bonbons à sucer

THÉ ET CAFÉ
Le thé venait d'Inde et de Chine tandis que le café était cultivé au Yémen d'où il était expédié depuis la ville de Mocha, qui donna son nom à une sorte de café de grande qualité. Ces deux boissons, le thé et le café, ne gagnèrent que tardivement l'Occident, au XVIIIᵉ siècle, à la faveur des invasions turques. Elles connaissent depuis un grand succès.

Loukoums

Réglisse

Dragées

LES CROISADES

La ville de Jérusalem est sacrée pour les trois grandes religions monothéistes : l'islam, le christianisme et le judaïsme. Depuis le VIIe siècle, Jérusalem et ses environs étaient gouvernés par les musulmans, qui vivaient pour l'essentiel en harmonie avec les chrétiens et les juifs de la ville. Mais, à la fin du XIe siècle, l'Empire chrétien byzantin, installé en Turquie, sur la route du pèlerinage conduisant à Jérusalem, entra en guerre contre les Turcs musulmans seldjoukides et des pèlerins chrétiens se plaignirent de difficultés pour se rendre à Jérusalem. Les Européens saisirent ce prétexte pour lancer alors une succession de guerres très souvent vaines, les croisades, pour tenter de vaincre les musulmans et de leur prendre Jérusalem et ses environs.

LA PREMIÈRE CROISADE
En 1095, lors du concile de Clermont, le pape Urbain II appela les chrétiens d'Europe à s'emparer de Jérusalem. Un certain nombre de grands seigneurs européens virent là l'occasion de s'adjuger une principauté ou un royaume à leur convenance.

UN BOL SELDJOUKIDE
Au XIe siècle, des guerriers turcs seldjoukides, représentés sur ce bol peint, gouvernaient un Empire musulman qui s'étendait de l'Iran et de l'Irak jusqu'à la Méditerranée à l'est.

UNE MACHINE DE SIÈGE
Les croisades donnèrent lieu à de nombreux sièges lorsque les armées européennes attaquèrent des villes fortifiées comme Antioche et Damas. Ces attaques étaient souvent impitoyables et sanglantes, et les croisés utilisaient parfois de puissantes armes, comme cette arbalète géante, durant le siège des villes musulmanes.

À L'ATTAQUE !
Lors de la première croisade (1096-1099), un certain nombre de chevaliers français et normands, comme Godefroi de Bouillon, conduirent des armées jusqu'à Jérusalem. Après de nombreuses batailles contre les musulmans, ils parvinrent à installer de petits royaumes à l'est.

Peinture représentant un combat entre chrétiens et musulmans

Mécanisme d'enroulement pour tendre les cordes

Trait (projectile) prêt à être tiré

Poignée permettant de diriger l'arbalète

JÉRUSALEM
La première croisade prit fin quand Jérusalem tomba entre les mains des croisés en juillet 1099 et que le comte Baudouin de Flandres fut couronné roi de la ville. Les chrétiens conservèrent le contrôle de la cité pendant plus de 80 ans.

LE KRAK DES CHEVALIERS

Les chevaliers européens qui occupèrent la Terre sainte durant les croisades construisirent d'impressionnantes forteresses, dont la plus grande et la plus imprenable était le krak des Chevaliers, en Syrie. Elle fut reconstruite par les Français au début du XIIe siècle et ses épaisses murailles repoussèrent un grand nombre d'assaillants.

Cette tour élevée permet de surveiller les environs.

Aqueduc pour acheminer l'eau

TROISIÈME CROISADE

Le roi anglais Richard Cœur de Lion fut un des chefs de la troisième croisade (1189-1192), en compagnie du roi de France Philippe Auguste. Malgré leur bravoure, et bien qu'ils aient réussi à s'emparer de la cité d'Acre, cette croisade fut un échec.

Illustration provenant d'un manuscrit français du XIIIe siècle, *Historia major*

SALADIN (1138-1193)

Salah al-Din, connu en Occident sous le nom de Saladin, était un chef musulman qui mena un *djihad* (une guerre en conformité avec les limites strictes imposées par le Coran) contre les croisés conduits par Richard Cœur de Lion. En 1187, il reprit Jérusalem, qui resterait ensuite sous contrôle musulman pendant 800 ans.

L'HÉRITAGE DE SALADIN

Saladin, qui repose dans cette tombe à Damas, en Syrie, était un guerrier intrépide, mais toujours juste envers ses ennemis. Il bâtit un empire en Syrie, en Palestine et en Egypte et fonda la dynastie des Ayyubides, qui régna jusqu'en 1260.

LES MAMELOUKS

Les mamelouks étaient à l'origine des esclaves qui furent recrutés pour combattre aux côtés des musulmans. Ils devinrent une force militaire dirigeante qui vainquit les chrétiens lors des dernières croisades. Après avoir renversé les Ayyubides au XIIIe siècle, ils régnèrent pendant plus de 250 ans.

LES ARMES ET LES ARMURES

Dès le XIe siècle, les musulmans étaient passés maîtres dans l'art de travailler le métal, y compris pour fabriquer des armes. La survie d'un soldat dépendait souvent de son armement, qui constituait son bien le plus précieux, aussi tenait-il à avoir des armes de la meilleure qualité. Les guerriers à cheval du monde islamique utilisaient l'épée, la lance et la massue. La plupart d'entre eux étaient également d'excellents archers. De magnifiques épées, boucliers et autres armes ouvragées faisaient l'envie du monde non musulman. Ce qui n'empêcha pas les musulmans d'adopter très vite des armes venues d'Occident, comme les canons et les armes à feu.

Bouclier indien en acier orné d'or (XIXe siècle)

DES CANONS EN MINIATURE
Les premiers canons furent utilisés en Occident au XIVe siècle et rapidement adoptés dans le monde musulman. Cette miniature montre de l'artillerie utilisée par les troupes turques ottomanes durant le siège de Vienne en 1529.

LE CASQUE
Ce casque turc date des années 1500. Il est en fer orné d'argent et porte la marque de l'« arsenal de Constantinople » (aujourd'hui Istanbul) où étaient stockées les armes et les armures de l'armée turque.

LE BOUCLIER
De petits boucliers de forme ronde étaient utilisés en Iran et en Inde au XVIIIe siècle, mais ils provenaient des Mongols, et étaient faits de plusieurs couches de cuir. Les flèches se plantaient dans le bouclier et pouvaient être réutilisées ensuite. Plus tard, lorsque de nouvelles armes apparurent, on fabriqua des boucliers incurvés en acier pour repousser les balles aussi bien que les coups d'épée.

Epée et fourreau du shah Tamasp de Perse

LA GRENADE
Ce type de grenade en argile remplie d'explosif était généralement lancé par une catapulte. Il était aussi bien utilisé par les musulmans que par les chrétiens. Celle-ci date du XIIIe siècle et vient de Damas en Syrie.

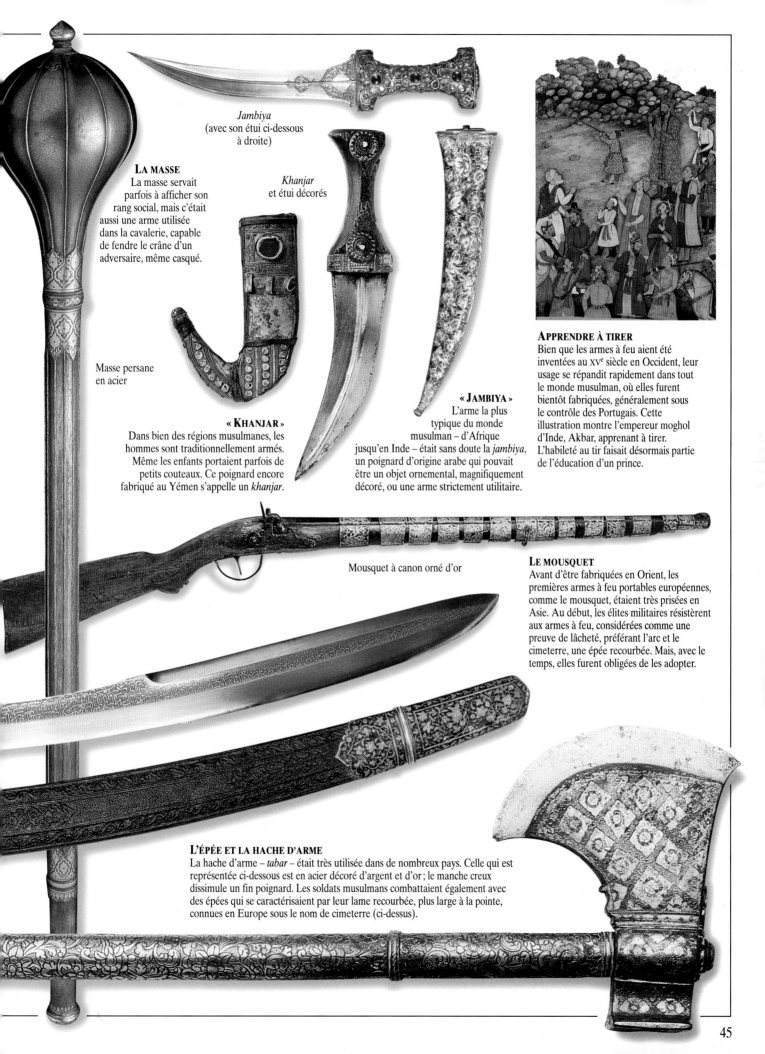

LA MASSE
La masse servait parfois à afficher son rang social, mais c'était aussi une arme utilisée dans la cavalerie, capable de fendre le crâne d'un adversaire, même casqué.

Masse persane en acier

Jambiya
(avec son étui ci-dessous à droite)

Khanjar et étui décorés

« KHANJAR »
Dans bien des régions musulmanes, les hommes sont traditionnellement armés. Même les enfants portaient parfois de petits couteaux. Ce poignard encore fabriqué au Yémen s'appelle un *khanjar*.

« JAMBIYA »
L'arme la plus typique du monde musulman – d'Afrique jusqu'en Inde – était sans doute la *jambiya*, un poignard d'origine arabe qui pouvait être un objet ornemental, magnifiquement décoré, ou une arme strictement utilitaire.

APPRENDRE À TIRER
Bien que les armes à feu aient été inventées au XVe siècle en Occident, leur usage se répandit rapidement dans tout le monde musulman, où elles furent bientôt fabriquées, généralement sous le contrôle des Portugais. Cette illustration montre l'empereur moghol d'Inde, Akbar, apprenant à tirer. L'habileté au tir faisait désormais partie de l'éducation d'un prince.

Mousquet à canon orné d'or

LE MOUSQUET
Avant d'être fabriquées en Orient, les premières armes à feu portables européennes, comme le mousquet, étaient très prisées en Asie. Au début, les élites militaires résistèrent aux armes à feu, considérées comme une preuve de lâcheté, préférant l'arc et le cimeterre, une épée recourbée. Mais, avec le temps, elles furent obligées de les adopter.

L'ÉPÉE ET LA HACHE D'ARME
La hache d'arme – *tabar* – était très utilisée dans de nombreux pays. Celle qui est représentée ci-dessous est en acier décoré d'argent et d'or ; le manche creux dissimule un fin poignard. Les soldats musulmans combattaient également avec des épées qui se caractérisaient par leur lame recourbée, plus large à la pointe, connues en Europe sous le nom de cimeterre (ci-dessus).

L'ESPAGNE

Au début du VIIIe siècle, les musulmans envahirent l'Espagne à partir du Maroc et, très vite, ils contrôlèrent la majeure partie de la péninsule Ibérique. Ils dominèrent l'Espagne jusqu'au XVe siècle, sans jamais gouverner l'ensemble de la péninsule toutefois, car des royaumes chrétiens survécurent dans le Nord. Après la chute du califat au XIe siècle, l'Espagne maure commença à être reconquise par les chrétiens du Nord. Des villes du Sud, comme Cordoue et Séville, furent de grands centres d'art et d'enseignement islamiques.

UNE PIÈCE MAURE
Les Maures (nom donné par les chrétiens aux musulmans du Maroc) apportèrent avec eux leur monnaie et leur système de gouvernement. Après la défaite des Maures, les premiers rois chrétiens espagnols continuèrent à utiliser des motifs islamiques sur les pièces de monnaie.

LA GRANDE MOSQUÉE DE CORDOUE
Débutée au IXe siècle et agrandie par la suite, la Grande Mosquée, ou Mezquita, de Cordoue, était un symbole du pouvoir musulman en Espagne. C'est un exemple époustouflant de l'architecture islamique. Plus de 850 colonnes de granite, de jaspe et de marbre soutiennent un plafond appuyé sur des arches doubles.

LES MÉNESTRELS
Les musiciens de l'Espagne musulmane étaient parmi les meilleurs d'Europe. Certains étaient des ménestrels ambulants qui firent découvrir la flûte aux musiciens européens et l'usage de l'archet pour jouer de certains instruments à cordes.

LA BOÎTE DU CALIFE
Cette boîte fut créée par un grand artisan marocain du Xe siècle. Elle porte le nom d'al-Mughira, fils d'Abd al-Rahman III, qui réunifia l'Espagne islamique, après une période de désordres, et gouverna en tant que calife de Cordoue.

Scènes montrant les plaisirs de la vie courtoise

L'ALHAMBRA DE GRENADE
Au XIVe siècle, l'Espagne était gouvernée par la dynastie des Nasrides, installée à Grenade, dans le Sud. C'est là qu'ils firent construire le grand palais fortifié baptisé l'Alhambra, qui signifie « palais rouge », à cause de la couleur chaude de la pierre. Ce palais était conçu pour représenter le paradis sur terre. Ses hautes tours et ses épaisses murailles cachaient des intérieurs somptueux.

LES COURS DE L'ALHAMBRA
La beauté de l'Alhambra ne réside pas uniquement dans sa superbe décoration islamique, mais aussi dans l'utilisation de la lumière et de l'eau pour créer une sensation d'espace. Les cours emplissent le palais de lumière et de nombreux bassins reflètent délicatement cette luminosité. Les passages ornés d'arches offraient des zones ombragées où les Nasrides pouvaient se promener et se détendre.

TOUR « MUDÉJAR »
Dans de nombreuses régions d'Espagne, les artisans musulmans continuèrent à travailler après la reconquête chrétienne. Ils développèrent un style connu aujourd'hui sous le nom de *mudéjar*, qui utilisait les motifs islamiques pour décorer des murs de brique, comme sur cette tour située à Teruel.

LE DERNIER ROYAUME MUSULMAN
Alors que les chrétiens reconquéraient peu à peu l'Espagne, les dirigeants musulmans furent repoussés vers le sud. Au XVe siècle, seul le royaume de Grenade (la zone située dans le sud du pays autour de la ville fortifiée du même nom) resta aux mains des musulmans.

LES JARDINS DU GÉNÉRALIFE
Dans le Coran, le paradis est décrit comme un jardin, généralement clos ou ombragé, où coule de l'eau. Pour échapper à la vie politique du palais, les califes nasrides créèrent un jardin paradisiaque sur leur domaine, le Généralife, qui dominait la ville de Grenade.

L'INFLUENCE MAURESQUE
Cette pièce de métal ouvragé décore une porte du palais royal de Séville. Ce palais ne fut pas construit par un calife, mais par un roi espagnol, Pedro Ier, et il témoigne de la profonde influence de l'art islamique en Espagne.

LE DERNIER CALIFE
Boabdil devint calife en 1482, après une lutte pour le pouvoir avec son père, qui affaiblit Grenade. En 1490, les forces chrétiennes des royaumes d'Aragon et de Castille entamèrent le siège de la ville, à l'issue duquel, en 1492, Grenade se rendit. Alors qu'il partait en exil au Maroc, Boabdil se retourna vers l'Alhambra et pleura devant tant de beauté, à l'endroit qui s'appelle désormais « le dernier soupir du Maure ».

L'AFRIQUE

À l'époque de la fin de la dynastie des califes omeyyades, en 750, l'islam s'était répandu dans toute l'Afrique du Nord, de l'Égypte au Maroc. De là, la foi se propagea vers le sud, par le biais des musulmans Berbères et des marchands touaregs qui sillonnaient l'Afrique en transportant des marchandises, mais aussi des idées. De grands centres d'enseignement islamique furent établis à Tombouctou et à Djenné au Mali, à Chinguetti en Mauritanie. Aujourd'hui, les musulmans, principalement des sunnites, sont majoritaires en Afrique du Nord et occidentale et dans de nombreux pays d'Afrique orientale. L'Afrique est un continent vaste et varié sur lequel l'islam cohabite avec différentes cultures locales et des systèmes politiques qui vont du socialisme à la monarchie.

UNE FEMME GUERRIÈRE
Un des comptes rendus les plus célèbres de la conquête musulmane en Afrique du Nord est un récit épique appelé *Sirat Beni Hilal*. Un des personnages, très populaire, est l'héroïne Jazia, une guerrière que l'on voit ici chevauchant son chameau.

LA FEMME BERBÈRE
Les Berbères sont un peuple des montagnes et des déserts d'Afrique du Nord. Ces musulmans sont restés fidèles à un grand nombre de leurs traditions, comme celle de porter des vêtements aux couleurs vives et des bijoux en argent.

Les grandes marges permettent de tourner les pages sans toucher au texte.

UN EXEMPLAIRE ENLUMINÉ DU CORAN
La calligraphie et d'autres pratiques érudites étaient très prisées en Afrique, comme dans le reste du monde musulman, et ce continent possédait quelques centres d'enseignement célèbres. Un des plus importants était, au XVe et au XVIe siècle, la ville de Tombouctou. Des érudits venaient de toute l'Afrique du Nord pour consulter à la bibliothèque les précieux manuscrits, comme cet exemplaire du Coran.

Pinacles en terre construits autour d'un poteau en bois

MOSQUÉE DE DJENNÉ
La terre est le matériau de construction traditionnel dans de nombreuses régions d'Afrique. Outre les maisons, d'importants bâtiments, comme cette mosquée de Djenné au Mali, peuvent être construits en terre. Djenné était l'un des plus importants centres de commerce le long du fleuve Niger.

UN MINARET À SOUSSE
Quand les conquérants musulmans prenaient possession d'une région, comme la Tunisie, ils bâtissaient des villes et des mosquées pour prier. La mosquée de Sousse, datant du IXe siècle, avec son minaret rond, en est un des plus anciens exemples.

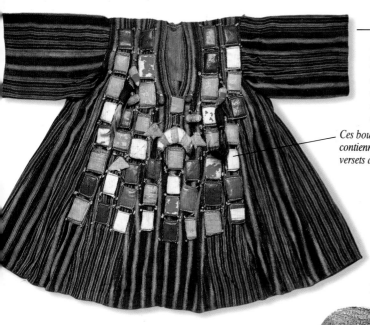

PORTER LE CORAN SUR SOI

Cette tunique était portée par un guerrier du peuple des Asantes d'Afrique occidentale. Chacune de ces petites bourses contient un texte tiré du Coran, dont les guerriers pensaient qu'il les protégerait pendant les combats.

Ces bourses en cuir contiennent des versets du Coran.

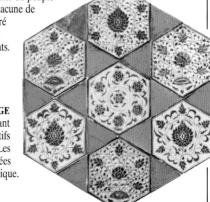

MOTIFS DE CARRELAGE

Ces carreaux hexagonaux provenant d'Afrique du Nord portent des motifs inspirés de la forme des plantes. Les fleurs, les feuilles et les tiges entrelacées ont été simplifiées dans le style islamique.

MÉTAL PRÉCIEUX

Les habitants d'Afrique occidentale travaillaient déjà l'or de façon experte avant l'arrivée de l'islam. Les musulmans utilisèrent ce savoir-faire pour fabriquer des pièces de monnaie en or.

APPRENDRE LE CORAN PAR CŒUR

L'islam introduisit l'enseignement dans de nombreuses parties d'Afrique pour la première fois. Cet étudiant mauritanien lit une sourate (un chapitre) du Coran pour l'apprendre par cœur.

UN CÉLÈBRE PÈLERINAGE

Au XIVe siècle, le Mali était le centre d'un vaste empire en Afrique occidentale. Son dirigeant Mansa Musa effectua le pèlerinage à La Mecque en 1324 et 1325. Son long voyage est représenté sur cette carte.

Un revêtement de boue lisse protège les murs.

Des poutres en bois renforcent la structure.

TOMBEAU AVEC DÔME

La plupart des musulmans reposent dans des tombes simples, mais la tradition veut que l'on érige de grands tombeaux pour les califes et autres notables. Le tombeau ci-dessus, situé près de Khartoum au Soudan, a sans doute été construit pour un saint local. Il est signalé d'un simple dôme pour que les gens puissent venir honorer le défunt.

LES MONGOLS ET LES TURCS

En 1219, les terres de l'islam furent envahies par les armées mongoles venues du nord. Les Mongols étaient de grands guerriers originaires des steppes de Mongolie en Asie centrale. En 1258, ils mirent à sac Bagdad et tuèrent le calife, détruisant ainsi le cœur politique de l'islam. Mais, en 1260, les Mongols furent vaincus à leur tour par les mamelouks et beaucoup se convertirent à l'islam. L'autre grande puissance musulmane de l'histoire fut l'Empire ottoman, fondé par les Turcs ottomans en 1290. Ils partirent à la conquête de l'Europe et supplantèrent les Arabes en tant que force politique unificatrice de l'islam.

GENGIS KHAN

Gengis Khan était un seigneur de la guerre mongol qui parvint à unifier les tribus mongoles en 1206. Il lança alors une campagne de raids et de conquêtes. A sa mort en 1227, son empire s'étendait de la Chine aux frontières orientales de l'Europe.

UN SOLDAT MONGOL

Les guerriers mongols étaient des cavaliers émérites et des combattants impitoyables. Se déplaçant à toute vitesse, ils tuèrent des millions de personnes et détruisirent des centaines de bourgades pour contrôler toute l'Asie centrale.

UN BOL GUERRIER

Les Mongols étaient fiers de leurs guerriers, comme le prouve ce bol décoré du IXe siècle. Peuple nomade à l'origine, les Mongols possédaient une parfaite connaissance du terrain qui leur permettait de se volatiliser dans la nature, pour réapparaître brusquement et prendre leurs ennemis par surprise.

Etoffe brodée

Pilier de crânes

LA NOUVELLE CAPITALE MONGOLE

A la mort de Gengis Khan, son empire fut partagé entre ses trois fils et son petit-fils, Kubilai Khan. L'empire situé à l'est prospéra sous l'influence de celui-ci, et il fonda la dynastie Yuan en Chine, où il érigea une nouvelle capitale appelée Khanbalik, devenue aujourd'hui Pékin.

L'IMPITOYABLE TIMUR

Le plus cruel de tous les conquérants mongols fut peut-être Timur, appelé aussi Tamerlan. Ce chef turc-mongol prétendait être le descendant de Gengis Khan. Au XIVe siècle, il envahit une grande partie de l'ouest de l'Empire mongol, s'emparant de Bagdad en 1390. Il aimait exhiber les crânes de ses victimes après les grandes batailles : sur ce tableau représentant sa victoire à Bagdad on peut voir une effroyable tour de crânes humains.

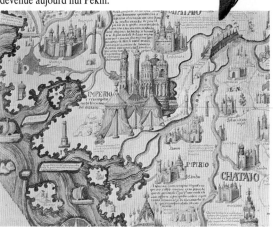

LA CHUTE DE CONSTANTINOPLE

Constantinople (Istanbul aujourd'hui) était la capitale de l'Empire romain d'Orient ou byzantin. Au Moyen Age, les Turcs ne cessèrent de grignoter cet empire, et, en 1453, Constantinople tomba entre les mains du sultan Mehmet II. La ville devint alors le nouveau centre de l'Empire ottoman sous le nom d'Istanbul.

Forteresse de Rumeli Hisar, construite par Mehmet II comme un camp de base pour attaquer Constantinople

L'arc recourbé était l'arme préférée des Mongols.

Ce texte dit :
« Soliman Shah, fils de Salim Shah Khan, toujours victorieux. »

Tughra de Soliman Ier

LE SIGNE DU SULTAN

Chaque sultan ottoman possédait une *tughra*, une signature officielle, créée spécialement pour lui. Elle était destinée à empêcher les contrefaçons et seul l'entourage du sultan pouvait l'utiliser. Cet entourage faisait partie d'un vaste corps de fonctionnaires, créé par les Ottomans pour gérer leur empire. Des fonctionnaires efficaces pouvaient obtenir de la promotion et s'élever socialement.

SOLIMAN LE MAGNIFIQUE

Soliman Ier, surnommé « le Magnifique » en Occident et « le Législateur » en Orient, exerça son pouvoir absolu de 1520 à 1566, lors de l'apogée de l'Empire ottoman. Bien décidé à étendre encore cet empire, il pénétra en Europe et, en 1529, il assiégea Vienne en Autriche. Mais, malgré une puissante armée, il ne parvint pas à s'emparer de la capitale des Habsbourg.

LE CONQUÉRANT

Le sultan ottoman Mehmet II fut surnommé « le Conquérant » après s'être emparé de Constantinople en 1453. C'était un homme à l'esprit ouvert qui s'intéressait à toutes les cultures. Sa cour attirait des érudits venus de tout le monde musulman et il fit même exécuter son portrait par le peintre italien Bellini.

UNE LUMIÈRE VIVE
Les Ghaznavides, dont les artisans fabriquaient des objets en métal sophistiqués comme cette lampe, étaient des Seldjoukides qui gouvernèrent l'Afghanistan et une grande partie de l'Iran. Ils atteignirent l'apogée de leur pouvoir au XIᵉ siècle. Les Ghaznavides étaient des musulmans sunnites opposés à la dynastie chiite rivale, les Bouyides, en Iran.

Décoration

Cette lampe est en bronze.

L'islam fit très tôt son apparition en Iran, une région qui fut entièrement conquise par les musulmans dès 641. Au cours des siècles suivants, plusieurs dynasties régnèrent en Iran, parmi lesquelles les Seldjoukides de Turquie, les Mongols d'Asie centrale, les Timurides (la dynastie du chef guerrier Timur) et les Séfévides. L'Inde était une région où cohabitaient de nombreuses religions différentes. Des premières conquêtes dans la province du Sind en 712 jusqu'aux empereurs mongols, les musulmans contrôlèrent la totalité ou une grande partie de l'Inde entre 1193 et le XIXᵉ siècle, époque à laquelle le sous-continent devint une composante du vaste Empire britannique. Lorsque l'Inde obtint son indépendance en 1947, elle fut partagée en deux et l'État musulman du Pakistan vit le jour. Toutefois, une minorité musulmane importante demeura en Inde.

LE TOMBEAU DE TIMUR
Le chef guerrier mongol Timur (p. 50) remporta d'importantes victoires en Iran, en Inde, en Syrie et en Turquie. Quand il mourut en 1405, il essayait d'ajouter la Chine à la liste de ses victoires militaires. L'immense richesse qu'il avait accumulée au cours de ses conquêtes se reflète dans la décoration de son tombeau à Samarkand en Asie centrale.

LE PONT DE KHWAJU
Une des plus grandes réalisations de la dynastie des Séfévides fut la construction du pont de Kwaju à Ispahan. D'une longueur de 133 m, il enjambe le fleuve Zayandeh avec ses 23 arches. Outre qu'elle permettait de traverser le fleuve, cette étonnante construction servait de barrage pour irriguer les jardins environnants.

LA MOSQUÉE DU VENDREDI À ISPAHAN
Ispahan, en Iran, était la capitale de la puissante dynastie des Séfévides (1501-1732) qui unifia la région et fit de l'islam chiite la religion d'Etat. Les sultans séfévides firent ériger une série de constructions étonnantes dans la ville, dont un vaste palais, plusieurs mosquées et la Grande Mosquée du vendredi. Les carreaux rouges et bleus vitrifiés, des XVIᵉ et XVIIᵉ siècles, sont typiques du style des Séfévides.

Ces ouvertures permettent aux passants de profiter de la vue tout en restant à l'ombre.

QUTB MINAR, À DELHI
En 1193, le chef afghan Mohamed al-Ghuri conquit le nord de l'Inde. Il créa une capitale à Delhi, d'où régnèrent les sultans musulmans, en faisant ériger des constructions comme ce très grand minaret. Le règne des sultans de Delhi prit quasiment fin avec les campagnes de Timur en 1398 et 1399 mais, dans certaines régions, il dura jusqu'en 1526.

L'EMPIRE DES MOGHOLS

La dynastie musulmane des Moghols régna en Inde entre 1526 et 1858, et c'est au début de cette période que l'on trouve les plus grands empereurs. Sous leur influence, le sous-continent indien très diversifié trouva son unité et connut une période prospère sans équivalent dans le domaine des arts, de la musique, de la littérature et de l'architecture. Mais cet empire commença à se fissurer sous le règne des derniers chefs moghols.

Babur discute de l'avancée des travaux avec ses architectes.

Akbar conduisant son armée au combat

BABUR

Le premier empereur moghol fut Babur, originaire d'Iran et descendant de Timur et de Gengis Khan. Le mot « moghol » vient de « Mongol », du fait des origines de Babur. Celui-ci n'avait que 11 ans quand il devint chef en Transoxiane et 14 ans quand il conquit Samarkand. Il établit en Iran un royaume, qu'il perdit, et un autre en Afghanistan. En 1526, Babur conquit l'Inde. Homme cultivé, c'était un poète et un historien qui encourageait les arts.

AKBAR

Le plus grand empereur moghol fut Akbar, qui régna de 1556 à 1605. Doué pour gouverner, Akbar créa une administration efficace, dont la structure continue à servir de base au gouvernement indien actuel. Akbar avait également une réputation de grande tolérance. Il abolit un impôt qui frappait la population hindoue et encouragea les artistes à mélanger les styles hindou et islamique dans leurs œuvres.

AURANGZEB

Ce livre contient les lettres du dernier chef moghol important, l'empereur Aurangzeb (1618-1707), qui assista au déclin de l'État moghol. Il agrandit l'empire mais, n'ayant pas assez investi dans l'agriculture, il n'eut pas les moyens de financer son armée et sa cour. Il persécuta les non-musulmans, imposa de lourdes taxes aux hindous et détruisit un grand nombre de leurs temples.

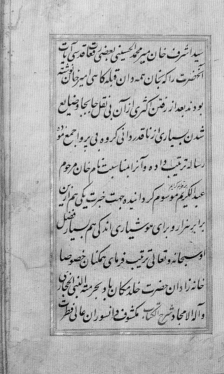

LA CHINE ET L'ASIE DU SUD-EST

L'islam est pratiqué en Chine depuis le VIIe siècle, quand cette religion fut introduite dans les villes côtières par les marchands arabes. Au cours des deux siècles qui suivirent, les commerçants qui suivaient la route de la soie apportèrent l'islam à l'intérieur du pays. Aujourd'hui, les musulmans en Chine forment un peuple hétérogène issu de différents groupes ethniques, parmi lesquels les Chinois, les Mongols, les Perses, chacun possédant ses propres coutumes. L'islam atteignit également l'Asie du Sud-Est par le biais du commerce et, aujourd'hui, la plus importante communauté musulmane au monde se trouve en Indonésie.

Le nom d'Allah

Les contours de l'oiseau étaient enduits de cire durant la teinture.

PAR MER
Certains marchands musulmans voyageaient jusqu'en Asie du Sud-Est à bord de bateaux traditionnels dotés de proues incurvées impressionnantes.

Toit incurvé typiquement chinois

LE BATIK
La Chine et l'Asie du Sud-Est ont toujours fait le commerce de beaux tissus, comme la soie. L'étoffe ci-dessus a été teinte en utilisant le procédé baptisé batik, inventé à Java. Le teinturier applique de la cire sur les parties du tissu qui ne doivent pas être teintes, puis il le plonge dans le bain de teinture. Une fois sec, le tissu est bouilli ou gratté pour ôter la cire.

Décoration en pierre gravée de la mosquée de Xi'an

L'INTÉRIEUR D'UNE MOSQUÉE CHINOISE
Au début du XXe siècle, il existait une minorité musulmane non négligeable en Chine. Dans les grandes villes, on trouve des mosquées comme celle de Niu Jie à Pékin (ci-dessus), avec ses piliers laqués noir et or, et ses murs ornés de motifs arabes et chinois. La plupart des musulmans de Chine vivent dans la province rurale du Xinjiang au nord-ouest, là où les mosquées sont généralement plus sobres.

GRANDE MOSQUÉE DE LA VILLE DE XI'AN
Quand la Chine devint communiste en 1949, les musulmans bénéficièrent d'une certaine liberté religieuse, mais, durant la Révolution culturelle (1966-1976), toutes les religions furent interdites, les mosquées furent détruites ou fermées. Toutefois, dans les années 1980, de nombreuses mosquées furent rouvertes ou reconstruites. La plus ancienne mosquée de Chine, la Grande Mosquée de Xi'an, peut être visitée aujourd'hui.

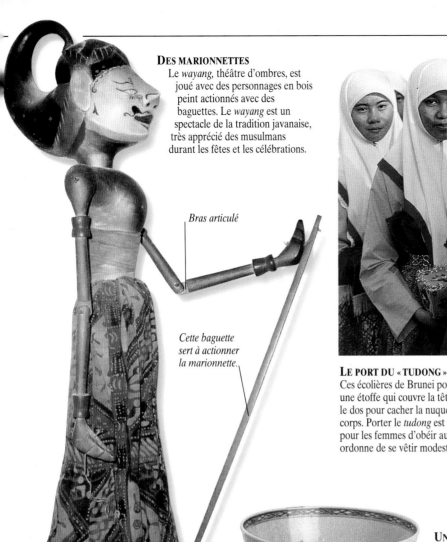

DES MARIONNETTES
Le *wayang*, théâtre d'ombres, est joué avec des personnages en bois peint actionnés avec des baguettes. Le *wayang* est un spectacle de la tradition javanaise, très apprécié des musulmans durant les fêtes et les célébrations.

Bras articulé

Cette baguette sert à actionner la marionnette.

Le vêtement masque le bâton servant à tenir la marionnette.

LE PORT DU « TUDONG »
Ces écolières de Brunei portent le *tudong,* une étoffe qui couvre la tête et descend dans le dos pour cacher la nuque et le haut du corps. Porter le *tudong* est une des manières pour les femmes d'obéir au Coran qui ordonne de se vêtir modestement (p. 56).

UN BOL POUR LE RIZ
Le riz est l'aliment de base en Chine comme en Asie du Sud-Est. On le mange dans de petits bols ronds en porcelaine ; un type de poterie dont l'important commerce permit de forger des liens entre la Chine, le monde musulman et l'Occident.

MÉLANGE DE STYLES
Cette mosquée moderne, à Kuala Kangsar en Malaisie, a été construite après l'indépendance de ce pays en 1957. La religion musulmane a alors été déclarée religion officielle de l'Etat malaisien.

UNE MOSQUÉE EN MALAISIE
L'islam ayant été importé en Asie du Sud-Est par des marchands venus de loin, cette zone a toujours subi l'influence d'un mélange de cultures. Ainsi, cette mosquée malaise est décorée dans le style des mosquées d'Iran et d'Inde.

UN CARAVANSÉRAIL
Les marchands qui voyageaient par voie terrestre avaient besoin d'endroits pour faire étape, c'est pourquoi on construisit des caravansérails (p. 36) sur les routes qui traversaient l'Asie, jusqu'en Chine. Dans ces simples constructions de pierre, les marchands trouvaient un lit et, parfois, une écurie pour leurs chameaux.

LES COSTUMES ET LES BIJOUX

Il n'existe pas un style vestimentaire islamique unique, même si le Coran commande aux femmes et aux hommes de s'habiller avec modestie. Voilà pourquoi les musulmans portent toutes sortes de vêtements, des tenues traditionnelles des habitants du désert aux tenues occidentales modernes. Une grande variété de costumes traditionnels est encore utilisée aujourd'hui, surtout dans des occasions particulières comme les fêtes de famille. Ces magnifiques habits montrent comment les savoir-faire dans le domaine du tissage, de la teinture et de la broderie se sont raffinés et transmis d'une génération à l'autre dans tout le monde islamique, de l'Afrique du Nord à l'Asie.

À L'ÉCOLE
Beaucoup d'enfants musulmans portent des habits modernes, comme ces petits Chinois de l'école maternelle. Seuls leurs couvre-chefs, les chapeaux des garçons et les foulards des filles, diffèrent des vêtements que portent les autres enfants à travers le monde.

UNE MARIÉE OUZBEK
Dans bien des endroits, les mariages sont l'occasion de porter des costumes traditionnels raffinés. Cette mariée d'Ouzbékistan porte sur la tête un ornement en or, une robe faite dans un tissu somptueux tissé d'or et une longue coiffe brodée qui descend presque jusqu'au sol.

UNE TUNIQUE AVEC DES PIÈCES DE MONNAIE
En Arabie et dans l'ouest de l'Asie, une ancienne coutume consiste à porter sur soi une partie de sa richesse. Des pièces sont cousues sur cette tunique de Bédouin. Elle est faite en coton naturel, ce qui la rend plus agréable à porter dans la chaleur du désert.

Femme saoudienne au visage voilé

LE VOILE
Dans certaines communautés musulmanes, la tradition veut que les femmes se voilent le visage. Le voile peut couvrir le bas du visage, jusqu'aux yeux, ou l'ensemble du visage, comme ici.

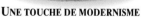

UNE TOUCHE DE MODERNISME
Les jeunes musulmans portent souvent ce type de chapeaux aux couleurs vives. La forme est traditionnelle, tout comme la technique de broderie utilisée. Mais le motif peut être moderne, comme les hélicoptères que l'on voit ici.

UN BRACELET EN OR
Les artisans arabes tiraient fierté de leurs bijoux. Pendant des siècles, ils travaillèrent principalement l'argent, mais l'or est aujourd'hui très demandé pour réaliser des bracelets et d'autres bijoux offerts à une mariée.

UN ORNEMENT DE TÊTE
Il s'agit d'une forme de bijou traditionnelle dans la péninsule arabique. Une femme porte ces ornements sur chaque oreille.

Chaînes et anneaux en argent

UNE AMULETTE
Certains musulmans gardent sur eux une amulette – un objet ou un bijou pour se protéger du mauvais œil. Ce peut être, par exemple, une pierre sur laquelle est gravé un verset du Coran, ou une petite boîte contenant un passage d'une sourate.

LES BIJOUX ÉMAILLÉS
L'émaillage permet de donner à certains bijoux des couleurs vives, rouge, bleu et vert. L'opération consiste à appliquer un mélange de poudre de verre coloré sur le métal et à chauffer le bijou dans un four pour que la décoration devienne dure et permanente.

UNE TUNIQUE CHINOISE
Les soies fines, souvent brodées, servent à confectionner les habits traditionnels chinois les plus élégants. Les larges manches de la tunique ci-dessous sont typiques du style oriental.

UN DESSIN ÉBLOUISSANT
Cette tunique nord-africaine réunit deux types de décoration colorée. Les rayures sont obtenues en cousant des bandes de tissus différentes. Mais ce qui attire l'œil, ce sont avant tout les incrustations de perles de couleurs vives.

UN DOUBLE MOTIF
L'extérieur de cette tunique d'Asie centrale a été réalisé avec la technique de l'ikat (p. 35). Le motif à fleurs de la doublure contraste avec les zigzags de l'extérieur.

LA SOCIÉTÉ MUSULMANE

D'après le Coran, l'homme est le vice-régent de Dieu sur terre, il a donc pour mission de veiller sur tout, que ce soit sur l'environnement ou sur les gens qui l'entourent. On apprend aux musulmans à être tolérants vis-à-vis des autres peuples et à créer des sociétés qui mettent en avant la justice, la bonté et le refus de faire le mal. Ces vertus commencent au sein de la famille et le Coran décrit clairement le rôle des hommes, des femmes et des enfants. À l'intérieur de cette loi, la *sharia*, la société musulmane peut prendre des formes très variées.

LE SULTAN ET SES SUJETS
Les pays musulmans ne sont pas tous gouvernés de la même manière. Par le passé, un grand nombre d'entre eux étaient dirigés par un chef aux pouvoirs absolus, comme ce sultan marocain. Depuis la Seconde Guerre mondiale et l'abolition du califat (p. 20), la plupart des musulmans vivent désormais dans des nations au régime politique moderne.

LA BALANCE DE LA JUSTICE
La loi islamique s'intéresse également aux affaires, en encourageant le commerce, tout en fixant des règles qui assurent l'équité. Depuis l'époque des Abbassides (p. 20) les marchés des pays musulmans possédaient des fonctionnaires chargés de vérifier les poids et les mesures et la qualité de la marchandise. Le *muhtasib*, comme on appelle ce fonctionnaire, officie encore sur certains marchés traditionnels.

LE MARCHÉ AUX ESCLAVES
L'esclavage a joué un rôle important dans le système social et l'économie, depuis des temps anciens, et il était toujours en vigueur à l'époque de Mahomet, et également à l'époque médiévale, comme le montre cette image d'un marché aux esclaves nord-africains. Le Coran encourageait la libération des esclaves et insistait pour qu'ils soient traités avec bonté.

« Allah n'a rien créé de mieux sur terre que la justice. La justice est la balance d'Allah sur terre, et quiconque défend cette balance sera conduit par Lui au paradis. »

LE PROPHÈTE MAHOMET

LA TOLÉRANCE
Le Coran souligne que la tolérance doit prévaloir entre les musulmans et les non-musulmans. Les juifs et les chrétiens, qui croient en un Dieu unique comme les musulmans, sont particulièrement respectés dans le Coran. Il est dit qu'ils doivent coexister en paix, comme les joueurs d'échecs musulman et chrétien sur cette illustration espagnole.

MARCHANT CÔTE À CÔTE
De nombreux musulmans vivent aux côtés de gens aux croyances très différentes. Dans l'ensemble, ils vivent en harmonie, à l'image de ces musulmans et de ces bouddhistes en Chine.

DES CLOCHERS ET DES MINARETS
A Zanzibar, en Tanzanie, la mosquée et l'église chrétienne sont voisines. Ici, comme dans de nombreux endroits, les musulmans vivent dans une communauté diversifiée, aux côtés des chrétiens et des fidèles d'autres religions.

LE RÔLE DES HOMMES
L'islam établit une distinction très claire entre le rôle des hommes et celui des femmes dans la maison. L'homme est chargé des relations entre la famille et le monde extérieur, comme le fait cet homme en s'occupant de ses invités.

LES ENFANTS ET LA FAMILLE
Pour les musulmans, les enfants sont un cadeau d'Allah et une des plus grandes joies de la vie. Les parents doivent veiller sur leurs enfants, leur donner un bon départ dans la vie et une bonne éducation. De leur côté, les enfants doivent respecter leurs parents et leur obéir, en faisant preuve de bonté, de vertu et de considération.

TEINTURE AU HENNÉ
Le henné est utilisé au cours d'un rite qui se déroule généralement la veille du mariage. Les mains et les pieds de la mariée sont ornés de motifs dessinés avec une teinture provenant des feuilles de henné. Cela peut être fait par des amies et des parentes de la mariée.

LA VIE CONJUGALE
On attend des musulmans qu'ils se marient et fassent des enfants. Outre qu'il unit deux individus, le mariage rassemble des familles et renforce l'unité de la communauté musulmane, reflétant ainsi l'harmonie de la création d'Allah.

UNE BOÎTE À DOT
Un musulman donne à sa future épouse une dot, un paiement sous forme d'argent ou de biens, qui peut être présentée dans une boîte comme celle-ci. Le montant de la dot varie en fonction de la richesse de l'homme.

On dit que ce motif symbolise la force et l'amour.

DES MUSULMANES EN OCCIDENT
Dans de nombreuses sociétés, les femmes musulmanes parviennent à un niveau élevé d'éducation et exercent des professions comme médecin ou avocate. Elles peuvent même jouer un grand rôle dans la vie publique : la baronne Uddin, une musulmane membre de la Chambre des lords en Grande-Bretagne, en est un parfait exemple.

UNE FEMME SOUDANAISE
Dans les sociétés musulmanes traditionnelles comme le Soudan, les femmes sont cantonnées dans leur rôle de mère et de femme au foyer. Pourtant, même dans les premières sociétés musulmanes, certaines femmes exercèrent des activités intellectuelles, allant jusqu'à gouverner à l'occasion. De nombreuses musulmanes érudites, comme la grande intellectuelle égyptienne Umm Hani (1376-1466), furent célèbres au Moyen Age.

Pot en terre cuite

UN HOMME EN PRIÈRE
D'après l'islam, tout vient d'Allah, et tout finira par lui revenir. Les qualités appréciées chez les membres de la famille, les amis et l'ensemble de la société viennent toutes d'Allah. Voilà pourquoi l'individu entretient avec son Dieu des relations primordiales. Chaque musulman se tourne vers Allah pour obtenir des conseils, le pardon ou un soutien.

LES FÊTES ET LES CÉRÉMONIES

Le calendrier musulman comporte plusieurs fêtes annuelles. Certaines commémorent des événements clés de la foi, comme la naissance du Prophète, ou le Voyage de nuit. D'autres fêtes sont liées aux cinq piliers de l'islam : *'Id al-Adha* (la fête du sacrifice) se déroule durant le pèlerinage, et *'Id al-Fitr* marque la fin du ramadan, le mois de jeûne. Il existe d'autres fêtes, comme *Nauruz* en Iran qui célèbre le nouvel an, et diverses célébrations de la naissance au mariage, qui marquent les moments importants de la vie d'un musulman.

LE CALENDRIER LUNAIRE
Le calendrier islamique est fondé sur les phases de la lune. Chaque année se divise en douze mois de 29 ou 30 jours, pour un total de 354 jours. Chaque mois débute avec l'apparition de la nouvelle lune.

LE RAMADAN
Durant le mois du ramadan, les musulmans jeûnent entre le lever et le coucher du soleil (p. 15). Chaque jour, au coucher du soleil, les gens commencent par prier, puis ils mangent. Des lumières spéciales, comme cette lanterne en forme d'étoile, peuvent être allumées durant le repas du soir.

KERBELA
Kerbela, en Irak, est la ville où fut assassiné Hussein, le petit-fils de Mahomet, en 680. Le tombeau d'Hussein (ci-dessus) est sacré pour les musulmans chiites, le plus important groupe religieux en Iran et en Irak. La mort d'Hussein est commémorée par la fête d'*Ashura* (p. 61).

« MAWLID AN-NABI »
Ces garçons kenyans participent à une procession commémorant *Mawlid an-Nabi*, la naissance du Prophète. Cette fête est un jour férié, marqué par la récitation d'un poème, la *Burda*, à la gloire de Mahomet.

« EID MUBARAK »
Durant la fête d'*'Id al-Fitr* (la rupture du jeûne), les gens frappent à la porte de leurs voisins et les saluent en disant : « Eid Mubarak » (Heureuse fête). On envoie des cartes de vœux (ci-contre) aux amis ou aux parents qui vivent loin.

Carte de vœux de l'Eid

Panneau en verre peint

LES BALLONS DE L'ID
Les ballons multicolores sont un élément très populaire de la fête d'*'Id al-Fitr*, qui marque la fin du ramadan (p. 15). Les célébrations se composent d'une prière, d'un copieux petit déjeuner et de l'aumône pour l'âme des pauvres.

LE CALENDRIER ISLAMIQUE

MUHARRAM	SAFAR	RABI' AL-AWWAL
Le mois sacré 30 jours	Le mois sans rien	Le premier printemps
Le 1er : *Ra's al'Am* (nouvel an)	29 jours	30 jours
Le 10 : *Ashura*		Le 12 : *Mawlid an-Nabi* (naissance du Prophète)

LA FÊTE DE « SALLAH »

Certaines fêtes musulmanes sont des célébrations locales qui se déroulent uniquement dans un seul pays ou une seule région du monde islamique. Par exemple, la fête de *Sallah* a lieu dans le nord du Nigeria dans le cadre des rituels marquant la fin du ramadan. Le moment fort est une procession haute en couleur avec les chefs en tenue de cérémonie, des cavaliers aux costumes éclatants et des joueurs de luth.

« ASHURA »

La fête d'*Ashura* marque la mort d'Hussein. Au cours d'une des cérémonies, des maquettes du tombeau du martyr sont transportées dans les rues. Parfois, des gens jouent des pièces mettant en scène sa mort.

UN DERVICHE TOURNEUR

Les membres de l'ordre des soufis mevlevis (p. 35) exécutent durant certaines fêtes une danse « en toupie » nommée *sama*. Une de ces fêtes commémore la mort de leur fondateur, le grand poète et mystique soufi, Djalal al-Din Rumi (1207-1273).

LES FÊTES DE MARIAGE

Dans la tradition islamique, le futur marié établit un contrat de mariage en offrant une dot à la future mariée, qui consent ensuite à ce mariage devant témoins. La dot peut être présentée dans un petit sac brodé. Les fêtes de mariage diffèrent selon les traditions du monde musulman, mais elles comportent généralement des récitations du Coran et un grand festin.

Petit sac contenant la dot

« KHITAN »

Les enfants musulmans sont circoncis au cours d'une cérémonie appelée *khitan*. Celle-ci a souvent lieu vers l'âge de 7 ans, mais elle peut toutefois se dérouler n'importe quand avant que le garçon ait 12 ans. Ces jeunes Turcs vont à la mosquée avant la cérémonie du *khitan*.

« LAYLAT AL-ISRA' WA'L - MI'RAJ »

Le 27e jour du mois de *Rajab*, les musulmans commémorent le Voyage de nuit de Mahomet, lorsqu'il chevaucha la bête appelée *Buraq*, et son ascension au ciel (p. 9). Cette fête s'appelle *Laylat al-Isra'wa'l-mi'raj*, la Nuit du voyage et de l'ascension.

Buraq est un « destrier miraculeux », mais les descriptions de l'animal varient.

RABI'ATH-THANI	JUMADA-L-ULA	JUMADA-TH-THANIYYAH
Le second printemps	Le premier mois de sécheresse	Le second mois de sécheresse
29 jours	30 jours	29 jours

UN PLATEAU DE DESSERTS

L'abondance de sucre a fait que de nombreux pays musulmans ont créé leurs propres pâtisseries traditionnelles. Celles-ci viennent de Malaisie : appelés *kuch*, ce sont de riches gâteaux au sucre de palme et à la noix de coco.

LA NOURRITURE

Une grande variété d'aliments sont originaires des pays musulmans et bon nombre d'entre eux se sont répandus à travers le monde. Quelques règles alimentaires simples restreignent cependant ce que peut manger un musulman. L'islam interdit la consommation d'alcool et de porc, considéré comme un animal impur, comme dans d'autres traditions. D'autres animaux peuvent être mangés, à condition d'être tués rituellement. Le nom de Dieu doit être prononcé au moment où l'on tue l'animal. La viande est alors qualifiée de *halal*, légalement comestible.

THÉ À LA MENTHE

La consommation du thé est largement répandue dans les pays musulmans. Traditionnellement servi chaud dans un verre, le thé à la menthe est très rafraîchissant. Le thé au citron est également largement consommé.

Cardamome   Cumin

Curcuma

DES ÉPICES

Le commerce des épices a toujours été important pour les marchands musulmans, c'est pourquoi tant d'épices d'Inde ou d'Asie du Sud-Est ont trouvé leur place dans la cuisine du Moyen-Orient. Des ingrédients comme le cumin, la cardamome étaient recherchés pour leur parfum, leur saveur et leurs vertus digestives.

CHEZ LE MARCHAND

Cette mère et sa fille d'Ispahan en Iran achètent à manger chez un vendeur de fruits séchés et d'épices. Dans cette boutique traditionnelle, la plupart des produits sont exposés en vrac pour que les clients puissent voir ce qu'ils achètent.

NOURRITURE RAPIDE

L'idée d'une nourriture rapide, toute prête, n'est pas nouvelle dans le monde islamique, et il est fréquent de voir des vendeurs des rues faire cuire et vendre de la nourriture. En Egypte, des vendeurs de rue comme cet homme proposent aux passants des pâtés de fèves cuits en plein air et assaisonnés avec des herbes locales.

LES DATTIERS

Les dattiers sont une des rares cultures pratiquées dans toutes les zones arides d'Asie occidentale et d'Afrique du Nord. Riches en goût et en glucides, les dattes sont un aliment de base populaire.

RAJAB	**SHA'BAN**	**RAMADAN**
Le mois vénéré	Le mois de la division	Le mois du grand jeûne
30 jours	29 jours	30 jours
Le 27 : *Laylat al-Mi'raj* (Voyage de nuit)	Le 15 : *Laylat al-Bara'ah* (souvenir des morts, en Iran et en Inde)	Le 27 : *Laylat al-Qadr* (la Nuit de la transmission du Coran)

POUR LES FRIANDS DE SUCRERIES

Les pâtisseries sont un des délices du Proche-Orient. Cette boutique en Syrie vend des *hama*, pâtisseries locales, qui tirent leur goût sucré d'une pellicule de miel. Plusieurs variétés sont exposées en vitrine pour allécher les passants.

UNE BOULANGÈRE

Le pain sans levain, afin qu'il reste plat, constitue un des aliments de base du monde islamique. Cette femme du Kirghizistan cuit son pain traditionnellement sur un feu en plein air. Ce type de pain peut également cuire sur une pierre chaude.

DE BELLES ORANGES

Les oranges sont arrivées en Europe en suivant les routes commerciales qui partaient du monde islamique, et dès le XIVe siècle environ, leur jus étanchait la soif des Européens. Le mot orange provient de l'arabe *naranj* (orange amère).

DES KEBABS DE MOUTON

La technique consistant à faire griller de petits morceaux de viande sur une brochette pour faire un kebab est utilisée en Méditerranée orientale et en Turquie. Les kebabs avec de l'agneau, tranché ou en cubes, et des morceaux de poulet, sont maintenant très répandus en Europe et au-delà.

LA CAFETIÈRE

Un autre produit introduit en Occident par les musulmans est le café. Un excellent café est cultivé depuis des siècles dans la partie sud-ouest de la péninsule arabique. Là-bas, on le sert encore généralement très fort et sucré, dans d'élégants pots comme celui-ci.

PARTAGER UN REPAS

L'hospitalité a toujours été une vertu de l'islam, surtout dans le désert, où la nourriture est rare. Cette ancienne illustration montre des Perses partageant leur repas avec un étranger.

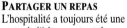

DÎNER FAMILIAL

Cette famille du Sénégal fait cuire son repas sur un feu en plein air. Quand il sera prêt, ils mangeront dans la même marmite. Chacun attend avec impatience ce rassemblement familial quotidien. C'est l'occasion d'échanger des nouvelles et de partager un repas bienvenu.

SHAWWAL	DHU I-QA'DAH	DHU I-HIJAH
Le mois de la chasse	Le mois du repos	Le mois du pèlerinage
29 jours	30 jours	29 jours (parfois 30)
Le 1er : *'Id al-Fitr* (la fête de la rupture du jeûne)		Le 10 : *'Id al-Adha* (la fête du Sacrifice)

INDEX

QUELQUES SITES INTERNET
http://www.mosquee-de-paris.com/
Site de l'institut de la Mosquée de Paris pour ceux qui veulent approfondir leur connaissance de l'islam.
http://www.chez.com/islam/
Pour comprendre l'islam et les musulmans

DES LIEUX À VISITER
Institut du Monde Arabe
1, rue des Fossés-Saint-Bernard
75236 Paris Cedex 05, tél. 01 40 51 38 38
Mosquée de Paris
2 *bis*, place du puits de l'Ermite
75005 Paris, tél. 01 45 35 97 33
Musée du Louvre
75058 Paris Cedex 01, tél. 01 40 20 50 50

NOTES
Dorling Kindersley remercie :
Philip Letsu et Wilfrid Wood.
L'auteur remercie : Batul Salazar pour avoir partagé son savoir et ses sources avec générosité et humour.

ICONOGRAPHIE
h = haut, b = bas, c = centre,
g = gauche, d = droite

AC Ancient Art & Architecture Collection BAL Bridgeman Art Library, Londres/New York; BN Bibliothèque Nationale, Paris; CO C. Osborne; CS C. Stone; DKPL DK Picture Library; PS P. Sanders; RHPL Robert Harding Picture Library; V&A Victoria and Albert Museum, Londres.

1 c AC. 2 bc Bodleian Library, University of Oxford. hd BAL Giraudon. hg Giraudon/ Topkapi Palace Museum, Istanbul. hc PS. 3 bg AKG Londres. hg Corbis. bd DKPL Glasgow Museums. c CO. 4 cd, cdb, bc BAL. cd Stapleton Collection. cdb Werner Forman Archive. bg Sanderson. 5 hd DKPL Ashmolean. 6 bd Corbis : Araldo de Luca; P. Almasy. hg DKPL : British Museum. cg PS. hd CS. 7 bd Corbis : Archivo Iconografico. bd DKPL : British Museum. 8 hg DKPL : British Museum. cd Impact Photos : A. Keohane. bg Salazar. cg PS. cb CS. 9 hd AKG Londres : British Museum, Londres. cg Salazar. hg PS. bg CS. 10 hc BAL : AC. 10-11 BAL : Musée Condé, Chantilly, France. 10cg, bg DKPL : British Library. 11 hd DKPL : Ashmolean; cd British Library; cd Glasgow Museum. bc CS. 12 hg, bc BAL : Stapleton collection. cg PS. hgb CS. 13 hc BAL : National Maritime Museum. c, cd, bd PS. 14 cd DKPL : T. Souter. 15 cd AKG Londres. bd Hutchison Library : John Egan. cg PS. 16 cg, c PS. 16-17 BAL : AC. 17 bc BAL : Institut d'études orientales, St Petersbourg, Russie. bg Salazar. bg CS. 18 bd CO. bg, bdcg, bdc, bdg CS. 19 hc BAL. cd CO. hd V&A. 20 bd BAL : Kunsthistorisches Meseum, Vienne, Autriche; bg Stapleton Collection. c DKPL : Ashmolean; 20-21 British Museum. 21 bd AKG Londres. BAL : hg Trésor de l'Abbaye de Saint-Maurice, France; HGStapleton Collection. cb PS. hd V&A. 22-23 BAL : Monasterio de El Escorial, Espagne. 22 bc Corbis : R. Wood. hg Art Archive : Archaeological Museum, Madrid; g S. Halliday Photographs : J. Taylor. c Impact Photos : J. Flynn. bg CS. 23 hg BAL : Volubilis, Morocco. hd Corbis : Archivo Iconografico. bd Archivo Fotgrafico. 24 bd BAL; Louvre, Paris; hd Museo Real Academia de Medicina, Madrid. bc CO. 25 bg BAL; bd Topkapi Palace Museum, Istanbul, Turkey. cd CO. 26 hd BAL : British Library, Londres. cd Corbis : A. Woolfit. cg DKPL : British Library. bg British Museum 29 bg RHPL : D. Beatty. 27 bc BAL : Royal Asiastic Society, Londres. hg DKPL : British Library. bd M. Evans Picture Library. hd V&A. 28 bc Bodleian Library, University of Oxford.

hd BAL : British Library. bg CO. 29 BAL : bd Topkapi Palace Museum, Istanbul, Turkey; hg University Library, Istanbul, Turkey. cd DKPL : National Maritime Museum. hd CO. 30 BAL : hg BN : hd Eton College, Windsor; bd Institut d'études orientales, St Petersbourg, Russie. DKPL : bd Science Museum. 31 DKPL : bc Museum of the Royal Pharmaceutical Society; d Science Museum. ch Werner Forman Archive; hg Oriental Collection, State University Library, Leiden. bd CS. 32 hd BAL. Corbis : Abbie Enock : cg Travel Ink; 32-33 Charles and Josette Lenars. cd CO. hg PS. 33 cg DKPL : Barnabas Kindersley. 34 c Ahuzan Gallery, Ahuzan Islamic Art, Londres. hd BAL. bg DKPL : Aditya Patankar. 35 cg Bodleian Library, University of Oxford. bd DKPL : Glasgow Museum. cd BAL : Egyptian National Library, Le Caire, Egypte. 36 c Panos Pictures : D. Sanson. cgb CS. 37 hg BAL : British Library, Londres. cd S. Halliday Photographs; 1840 Engraving by T. Allom, hand painted by L. Lushington. d CO. 38 hd BAL : Institut d'études orientales, St Petersbourg, Russie. 38-39 DKPL : National Maritime Museum; cg Royal Museum of Scotland cl. hg M. Evans Picture Library. bg CO. 39 bc DKPL : D. Gower. cd S. Halliday Photographs : Topkapi Palace Museum. hd PS. 40 cd DKPL : British Library; bg Natural History Museum. hd CO. cg CS. 41 bg CS. 42 hg BAL : BN; cg BN. b Corbis : Dave G.Houser. 43 hd AKG Londres. bd BAL : Bonhams, Londres; cd British Library, Londres; bc British Library, Londres. cd CO. 44 DKPL : Arbour Antiques 44-45; c Pitt Rivers Museum. hg S. Halliday Photographs. bg CS. 44-45 c V&A. 45 hc, hd BAL; g Bargello Museum, Florence. 46 cd BAL : Louvre, Paris; c Monasterio del Escorial, Spain. 46 Corbis : Adam Woolfit; 46-47 John Hesletine. hg DKPL : British Museum. 47 bd Archivo Fotografico. cb Corbis; bc Edifice; hd M. Busselle; hg R. Ergenbright. c Hutchison Library : J. Highet. 48 c AKG Londres. hg CO. 48-49 Panos Pictures : M. Rose. hd, bg CS. 49 hd Corbis : G. Degeorge. hg DKPL : Pavillion Museum and Art Galleries. cd Fotomas Index. cg, bd PS. 50 hg AKG Londres. cg, bd BAL; hg British Museum. 51 hd, bg BAL. bd The Art Archive : Topkapi Museum, Istanbul. c S. Halliday Photographs. 52 b Corbis : P. Almasy; d S. Collins. cd BAL : Ashmolean Museum. cg, c RHPL. 53 hg c AKG Londres : V&A. 54 hg CO. cd, bg, bc PS. 55 bd Corbis : J. Wishnetsky. hd RHPL : D. Holdsworth. cd CO. hg CS. 56 g RHPL : J. Jackson. hd, bc PS. 57 cd Suffolk Record Office. 58 cd BAL : Biblioteca Monasterio del Escorial, Madrid, Espagne. c BN. bg Corbis : Earl & Nazima Kowall. hg S. Halliday Photographs. bd Panos Pictures : M. Schlossman. hd Science Photo Library : E. Schrempp. 59 cg RHPL : B. Morandi; bd D. Poole. hg Panos Pictures : C. Shirley; bg L. Taylor; hd P. Benatar. cd Salazar. cg PS. cgb Baroness Udin/Universal Pictorial Press. 60 hd, cg Panos Pictures. 61 cg RHPL : A. Woolfitt; hd J. H. C. Wilson. hg Panos Pictures : M. McEvoy. bd CS. 62 bg A-Z Botanical Collection : M. Johnston. cd Panos Pictures : Trygve Bolstad. 63 bg BAL : British Library, Londres; D. Murray & J. Selmes. hg RHPL : C. Rennie. hd Hutchison Library : S. Errington. bd Panos Pictures : J. Hartley.
Couverture : pour tous les documents © Dorling Kindersley Ltd sauf : 1er plat : cg © V&A; hc © Glasgow museum; hd © BAL; bg : © BAL.

Tout a été fait pour retrouver les propriétaires des copyrights. Nous nous excusons par avance des oublis involontaires. Nous serons heureux, à l'avenir, de pouvoir les réparer.